핵심만 배우는

자료구조 및 알고리즘

장종준 · 이성욱 공저

HS 도서출판 한산

머리말

자료구조는 프로그램을 얼마나 효율적으로 작성할 수 있는 가를 가름하는 핵심적인 요소입니다. 좋은 프로그램이란 프로그램의 실행 속도가 빨라야 하며, 또한 처리하는 자료의 양에 비례하여 효율적으로 메모리도 사용할 수 있어야 합니다. 따라서 주어진 문제에 대하여 어떤 형태로 자료를 표현하여야 하는가를 결정하는 일은 대단히 중요한 일이며, 프로그램의 성능을 결정하는 중요한 요소인 것입니다.

우리가 작성해야 할 프로그램의 종류는 무수하게 많겠지만, 이들이 다루는 자료를 어떻게 프로그램 상에 표현해야 하는가는 대체적으로 몇 가지 종류로 나누어 표현할 수 있습니다. 따라서 여러 종류의 프로그램들이 공통적으로 많이 다루게 될 기본적인 자료구조의 모습을 공부하는 것은 좋은 프로그램을 작성하려는 사람에게는 첫 번째로 공부해야 할 부분입니다.

본 저서가 다루는 내용은 공통적으로 알고 있어야 할 이러한 기본 자료구조의 모습들과 이들을 어떻게 처리해 나가야 하는 가를 설명하는 내용으로 되어 있습니다. 다만 아주 복잡한 내용까지 다루다 보면 기본적인 내용의 학습에 소홀해지기 쉬우므로, 필수적으로 알아야 할 내용들만 최대한 알기 쉽게 다루고 있습니다. 또한 이렇게 설명된 자료구조가 실제 프로그램에서는 어떻게 표현되는 지를 보여주고 있습니다. 설명하고 있는 자료구조들을 여러 언어의 프로그램으로 표현할 수 있지만 본 저서에서는 C 언어로 프로그램을 작성하여 설명하고 있습니다. 개인의 사정에 따라 다른 언어로 자료구조를 구현해 볼 수도 있을 것입니다.

본 저서가 나오기까지 많은 도움을 주신 여러 분들에게 감사의 인사를 전하고 싶습니다. 출판사 사장님과 편집에 애써 주신 분들을 비롯하여 출판사 모든 분들께 감사드립니다. 아울러 본 저서가 완성될 때까지 같이 공부하며 피드백을 주신 우리 학생들에게도 감사드립니다.

아무쪼록 본 저서를 통해 자료구조에 대하여 학습하고자 하는 모든 분들이 훌륭한 결과를 이루어 낼 수 있도록 바라면서 앞으로도 보다 더 좋은 내용이 저서에 보강될 수 있도록 노력해 나가겠습니다.

차례

제3장 컴퓨터에서의 기본 자료형 / 81

제4장 선형 자료구조 - 리스트(List) / 89

CHAPTER

01

자료구조와 알고리즘이란 무엇인가?

자료구조(data structure)와 알고리즘(algorithm)이 무엇이며 이에 대해 왜 학습을 해야 하는지 알아보기로 하자.

1 | 자료구조와 알고리즘

1.1 컴퓨터와 프로그램

우리는 컴퓨터를 이용하여 여러 가지 일들을 수행한다. 컴퓨터에서 게임을 한다든지, 문서 작업, 혹은 그림그리기 등 수많은 일들을 컴퓨터를 이용하여 하게 되는데, 이렇게 컴퓨터를 다양한 용도로 사용할 수 있도록 해주는 것이 프로그램이다. 게임 프로그램, 문서작성 프로그램, 그림판 프로그램 등이 그것이다. 다시 말해, 컴퓨터라는 하드웨어에서 우리가 원하는 일을 하도록 해주는 것이 프로그램인 것이다.

이러한 프로그램은 누군가가 만들어 둔 것을 우리가 이용하기도 하지만, 필요하다면 (혹은 내가 프로그램 개발자라면) 나 스스로 원하는 기능을 발휘하도록 프로그램을 직접 작성하기도 해야 한다. 이 때, 사용하기 쉽고, 실행 속도도 빠른 좋은 프로그램을 만들어야 하는 것은 당연한 일이다. 좋은 프로그램이란 과연 어떤 것일까?

1.2 일반적인 프로그램 개발 과정

컴퓨터에서 실행되는 프로그램이든, 스마트폰 등에서 동작하는 앱 프로그램이든 일반적으로 프로그램을 개발하는 과정은 다음과 같다.

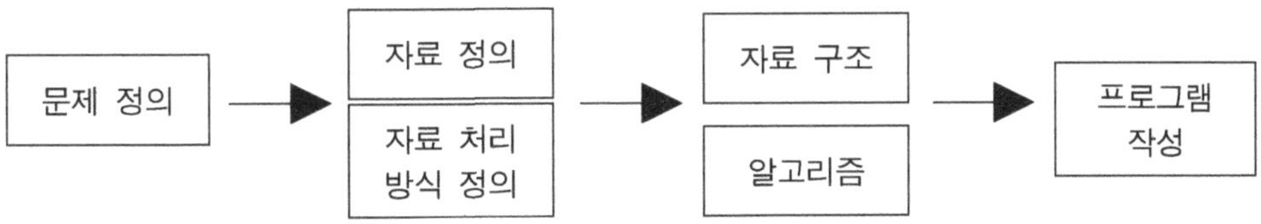

1) 작성해야 할 프로그램에 대한 문제가 주어지면,
2) 이 문제가 다루고 처리해야 할 자료들을 정의하고,
3) 그 자료들을 어떻게 처리하여야 하는 가를 정의해야 하며,

이를 토대로, 이제 프로그램을 작성하기 위하여

4) 구체적인 자료 구조(예 : 배열을 사용해야 하는가? 구조체를 사용해야 하는가? 등)를 결정하고,
5) 자료구조에 의해 표현된 자료를 가장 효율적으로 처리할 알고리즘을 생각한 후,
6) 이를 프로그램으로 작성, 표현하게 된다.

1.3 자료구조란?

위에서 잠깐 언급된 바와 같이 자료구조란 프로그램이 다루어야 하는 자료를 프로그램 상에서 표현하는 형태를 말한다. 주어진 문제에 가장 효과적인 자료구조를 선택해야 프로그램의 실행 속도도 빨라지는 좋은 프로그램을 작성할 수 있게 되는 것이다. 반대로 말하자면, 주어진 문제에 적합하지 않은 자료구조를 선택하게 되면 프로그램 작성이 어려워질 뿐만 아니라, 프로그램의 실행 속도도 느려지게 되어 좋은 프로그램이 될 수 없게 되는 것이다.

1.4 알고리즘이란?

주어진 문제에 적합한 자료구조가 결정되고 나면, 자료구조에 보관된 자료들을 효율적으로 처리하는 방법들을 생각하게 되는데, 이를 알고리즘이라고 한다. 더 넓게 생각하면 "좋은 프로그램을 만드는 아이디어"로 생각할 수도 있지만, 일반적으로는 문제에 적합한 자료구조가 결정되면, 이들 자료구조를 효율적으로 처리하는 방식 혹은 과정에 대한 기술을 알고리즘이라고 한다.

1.5 일상생활에서의 자료구조와 알고리즘의 예

도서관을 생각해 보자. 수많은 책들을 아무런 원칙 없이 서가에 꽂아 두었다면, 내가 원하는 책을 찾기가 정말 어려울 것이다. 보통의 도서관에서는 책들을 크게 종류별로 분류하여 따로 보관하고, 또 그 종류 내에서도 도서명 순서와 같은 어떤 원칙하에 서가에 분류, 보관해 둠으로써, 원하는 책을 쉽고 빠르게 찾을 수 있도록 하고 있다. 수많은 책들 전체를 자료라고 한다면, 이들을 종류별, 책 이름에 따라 분류하여 보관하는 방법을 자료구조라고 할 수 있겠다. 또 이러한 분류 원칙에 따라 효과적으로 책을 찾아가는 과정을 알고리즘이라고 비유할 수 있을 것이다.

1.6 좋은 프로그램이란?

주어진 문제가 다루어야 할 자료들을 효과적으로 보관할 적합한 자료구조를 선택하고, 자료구조에 보관된 자료들을 효율적으로 처리하는 알고리즘을 반영하여 작성된 프로그램은 당연히 실행속도가 빠른 좋은 프로그램일 것이다. 덧붙여, 이렇게 작성된 프로그램이 컴퓨터의 저장장치(메모리)의 사용량도 적으면 더욱 좋을 것이다. 그래서 좋은 프로그램이란,

- 실행속도가 빠르다.
- 컴퓨터 메모리 사용도 효율적이다.

와 같은 조건을 만족하는 프로그램이라고 할 수 있겠다.

2 | 공간복잡도와 시간복잡도

좋은 알고리즘이라는 것을 어떻게 객관적으로 평가할 수 있을까? 예를 들어 두 사람이 똑같은 문제에 대해 각자 다른 방식(다른 알고리즘)으로 프로그램을 작성하였다고 해 보자. 두 프로그램 중에 어떤 것이 더 좋은 프로그램인지 살펴보고자 할 때, 비교 항목이 여러 가지 있을 수 있겠지만, 일반적으로 프로그램이 사용한 알고리즘의 메모리 사용량의 비교와 수행 시간의 비교를 가장 기본적으로 보게 된다. 이를 각각 공간복잡도(space complexity), 시간 복잡도(time complexity)라고 한다.

2.1 공간복잡도

알고리즘이 사용하게 될 메모리 용량의 크기를 말하는데, 알고리즘이 구현된 프로그램 자체의 크기, 입출력 횟수 등과 상관없이 사용하게 될 고정 메모리 공간과 알고리즘이 수행되는 과정에서 사용하게 될 가변 메모리 공간으로 나누어 생각할 수 있다. 고정 메모리 공간도 적으면 적을수록 좋겠지만, 가변 메모리 공간도 적으면 적을수록 좋다. 역으로 이러한 공간 복잡도를 줄이기 위해서 문제 해결에 알맞은 자료구조를 생각해야 하는 것이다.

2.2 시간복잡도

시간복잡도란 알고리즘이 수행되어 작업을 완료하는 데 걸리는 시간을 말한다. 당연히 그 시간이 짧을수록 좋을 것이다. 그런데 여기서 한 가지 생각해야 할 것이 있다. 처리해야 할 자료의 양 혹은 개수(n이라고 하자.)가 많으면, 그에 비례해서 알고리즘의 수행시간은 당연히 늘어나게 될 것이다. 따라서 공간복잡도도 마찬가지이지만, 시간복잡도라는 개념이 "정확히 얼마만큼의 시간이 걸린다."를 측정하는 것이 아니라 처리해야 할 자료의 양(혹은 개수 n)과 관련해서 얼마만큼의 알고리즘의 수행시간 비례관계를 가지느냐를 살펴보는 개념이라는 것이다. 그래서 시간복잡도를 생각할 때는 그 알고리즘이 다루어야 할 자료의 양(혹은 개수,n)과 관련하여 분석하게 된다.

2.3 알고리즘 성능을 나타내는 방법들

위에서 공간복잡도와 시간복잡도를 설명하였는데, 보통 알고리즘의 성능을 분석할 때는 시간복잡도에 주로 초점을 맞추어 비교하게 된다. 알고리즘이 다루어야 할 자료의 양(n)에 근거하여 얼마만큼의 시간이 걸리느냐를 알아보게 되는데, 그 알고리즘의 실제 실행 시간을 따져 보는 것이 아니라, 알고리즘에서 행하는 주요 연산 행위(예를 들어 비교 횟수, 혹은 자료 이동 횟수 등)가 자료 개수 n에 어떤 비율로 행해지는 가를 분석하게 된다. 이 때 주요 관심사는 자료 개수 n과의 비례관계이기 때문에 수식으로 나타나는 결과 중 상수 부분과 하위 차수 부분은 표시하지 않는다.

2.3.1 빅-오(Big-Oh) 표기법

어떤 알고리즘의 수행시간을 나타내는 수식이 $2n^2 + 8n + 9$ 이라고 하였다면(자료 개수가 n개일 때 알고리즘이 수행할 주요 연산 횟수가 $2n^2 + 8n + 9$ 번이라는 의미이다.), 이는 O(n^2)이라고 표기하게 된다. 수식이 $8n + 6$이라면 이는 O(n)으로 표현되게 된다. 빅-오 표기법의 의미는 그 알고리즘의 수행 시간 상한을 뜻한다. 즉 최악의 경우에도 그

만큼의 시간 비례 내에는 수행이 완료된다는 것을 의미한다. 보통 알고리즘의 시간복잡도를 표현할 때 가장 많이 사용하는 표기법이다.

2.3.2 빅-오메가 표기법

$\Omega(n^2)$과 $\Omega(n)$과 같이 표기하는 방법인데 이것의 의미는 알고리즘의 수행 시간 하한을 뜻한다. 즉 적어도(최상의 경우라도) 그 만큼의 시간 비례만큼은 필요하다는 뜻이다.

2.3.2 빅-세타 표기법

알고리즘의 수행시간의 하한과 상한이 같은 값으로 정확히 구해질 때는 $\Theta(n^2)$이나 $\Theta(n)$과 같이 표현하게 된다.

3 | 일반적인 자료구조의 종류

개발해야 할 프로그램의 종류는 무수히 많지만, 그런 수많은 프로그램에서 사용할 수 있는 기본적 자료구조의 종류는 대체적으로 분류하여 공부할 수 있다. 아래 [그림1-1]은 일반적으로 자료구조를 학습할 때 기본적으로 알아두어야 할 자료구조들이다.

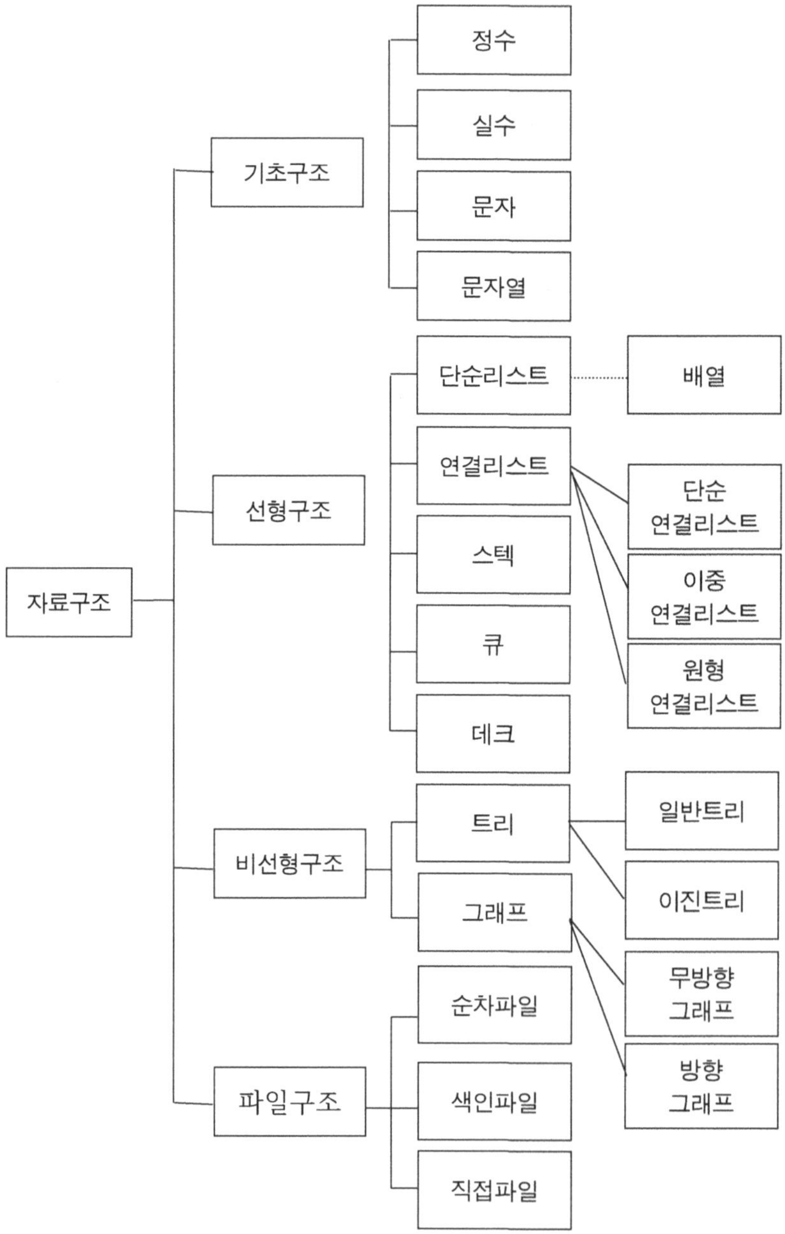

[그림 1-1] 일반적인 자료구조의 분류

일반적으로 분류된 위 자료구조들은 실제 프로그램 개발할 때, 그대로 활용하기도 하고, 약간의 변형을 더하여 활용하기도 한다.

기초구조란 여러 프로그래밍 언어에서 기본적으로 제공하는 형태의 자료구조라 할 수 있으며, 선형구조는 자료의 보관형태가 논리적으로 일렬로 나열된 형태로 보관되는 것을 말한다. 비선형구조는 자료의 보관형태가 논리적으로 일렬로 나열된 형태가 아닌, 트리(tree), 망(network) 형태로 보관되는 것을 말한다. 파일구조는 보조기억장치에 자료를 보관하는 여러 형태를 말한다.

여기서 한 가지 생각할 점은 위의 “논리적”이라는 단어의 의미이다. 자료구조를 생각하고, 알고리즘을 생각하는 시점은 자료들이 아직 컴퓨터 메모리상에 위치하기 전이다. 즉, 자료를 이런 혹은 저런 형태로 보관하면 되겠구나 하는 시점의 상태가 “논리적”이라는 단어의 의미이다. 이렇게 논리적으로 생각한 자료의 보관 형태가 실제 메모리상에 위치하게 될 때를 “물리적”이라고 표현한다.

그래서 위 [그림 1-1]에서 “단순리스트”와 “연결리스트”는 논리적으로는 선형자료구조인 점에서는 같은 부류이지만, 물리적으로는 “단순리스트”는 논리적 자료순서와 물리적 자료순서가 일치하는 경우를 말하고, “연결리스트”는 논리적 자료순서와 물리적 자료순서가 다른 경우를 말한다. 이에 관해서는 해당 자료구조들을 학습할 때 다시 설명하도록 하자.

연습문제

Data Structure Exercises

1. 일반적으로 좋은 프로그램이란 2가지 조건을 만족해야 하는데, 이 2가지 조건은 무엇인가?

2. 주어진 문제에 대하여 여러 가지 알고리즘을 비교할 때, 공간복잡도(space complexity)라는 척도를 사용할 수 있다. 공간 복잡도에 대해서 간단히 설명해 보아라.

3. 주어진 문제에 대하여 여러 가지 알고리즘을 비교하는 또 하나의 척도는 시간복잡도(time complexity)이다. 시간 복잡도에 대해서 간단히 설명해 보아라.

4. 시간복잡도를 나타내는 표기법 중 가장 보편적으로 사용하는 빅-오(Big-Oh) 표기법이 의미하는 것이 무엇인지 설명해 보아라.

5. 주어진 문제가 처리해야 하는 자료의 개수가 n개일 때, 어떤 알고리즘의 수행시간을 나타내는 수식이 $2n^2 + 8n + 9$ 이라고 한다면, 빅-오 표시법으로 O(n^2)이라고 표현하는데 이렇게 표현하는 의미가 무엇인지 설명해 보아라.

6. 선형 자료구조와 비선형 자료구조의 차이점을 설명해 보아라.

7. 자료구조에서 "논리적" 이라는 단어와 "물리적" 이라는 단어를 사용하는데, 이 단어들의 의미를 간단히 설명해 보아라.

8. 다음 중 자료의 성격이 다른 것은 무엇인가?

   ① 리스트 ② 스택 ③ 트리 ④ 큐

CHAPTER

02

알고리즘 구현을 위해 필요한 C 문법 이해하기

앞에서 우리는 자료구조와 알고리즘이 무엇인지, 또 보편적으로 사용하게 되는 자료구조들이 어떤 것들인지에 대해서 배웠다. 이제 이러한 자료구조와 알고리즘들을 프로그램 상에서는 어떻게 구현할 수 있는지에 대해서 알아보자. C 언어를 바탕으로 자료구조와 알고리즘의 구현에 대해서 알아보게 될 것인데, 이 때 필수적으로 알아두어야 할 C 언어 문법들이 배열, 구조체, 포인터, 동적 할당, 재귀 함수 등이다. 이에 대해서 알아보기로 하자.

1 | 배열

1.1 배열의 개념과 필요성

변수(variable)란 프로그램을 작성할 때 필요한 어떤 값을 보관하는 그릇과 같은 것이다. 정수를 담는 변수를 정수형 변수, 실수를 담는 변수를 실수형 변수, 문자를 담는 변수를 문자형 변수라고 각각 부르며, 아래와 같이,

```
int a; // 정수형 변수 선언
float b; 혹은 double b; // 실수형 변수 선언
char c; // 문자형 변수 선언
```

와 같이 각각 변수 선언을 한 후,

```
a = 1;
a = a + 3;
```

등과 같이 필요에 따라 변수가 보관하는(기억하는) 값을 변화시키면, 그 값을 기억(보관)하게 되는 것이다.

그런데 만약 어떤 프로그램에서 여러 개의 정수형 변수가 필요하다면, (예를 들어 10개라 하자.)

```
int a, b, c, d, e, f, g, h, i, j;
```

와 같이 10개의 변수를 각각 선언하여 프로그램을 작성할 수도 있겠지만, 더 간단히,

```
int a[10]; // 10개의 방을 가지는 a라는 이름의 정수형 배열 선언
```

처럼 배열을 선언한 후 프로그램을 작성하면, 프로그램도 훨씬 간단하고, 효율적으로 작성할 수 있게 된다. 이 때 배열 각 방은 방 번호(요소 번호, index)로 아래와 같이 구분하게 된다.

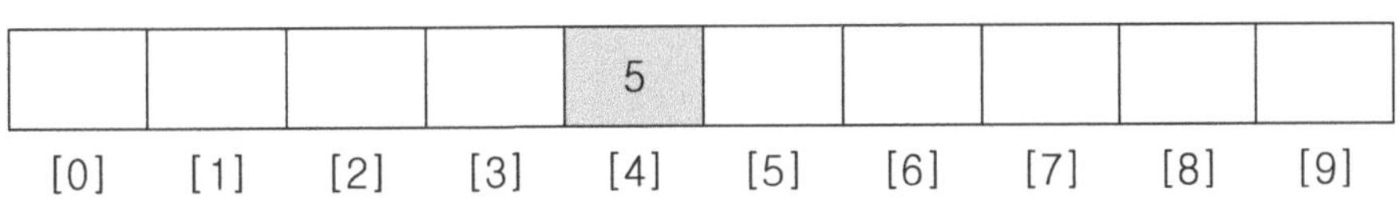

[그림 2-1] int a[10]; 이라는 배열의 모습

만약 배열 4번 방에 정수 5를 기억시키고자 하면,

```
a[4] = 5;
```

와 같이 표현하면 되는 것이다.

정리하여 설명하면, 배열은 한 줄의 배열 선언으로 여러 개의 변수를 선언하는 것과 같은 효과를 나타낼 수 있는 것이다.

1.2 2차원 배열

위에서 살펴본 int a[10]; 과 같은 배열 선언은 10개의 정수 자료를 1차원으로(즉 일렬로) 보관하는 형태이기 때문에 이를 1차원 배열이라고 한다. 그런데 아래와 같이,

```
int b[5][10];
```

과 같이 선언하게 되면 아래와 같이,

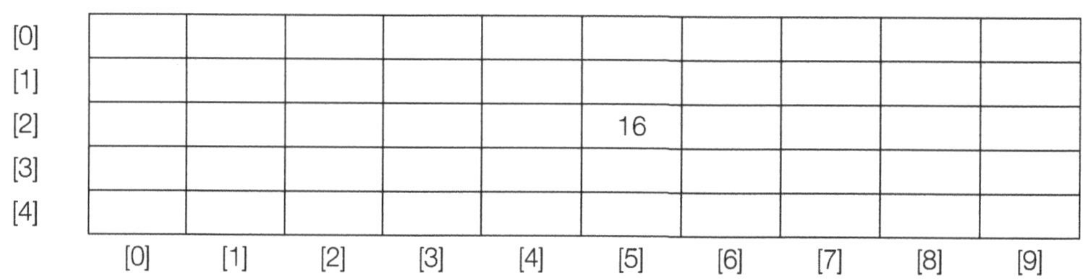

[그림 2-2] 2차원 배열 int b[5][10]; 이라는 배열의 모습

2차원으로 전체 50개의 방을 가지는 배열을 선언할 수 있다.

```
b[2][5] = 16;
```

과 같이 하게 되면, 해당 방에 16이라는 값을 저장할 수 있게 되는 것이다.

1.3 배열을 사용하는 프로그램 예제

아래 프로그램은 10개의 정수를 입력받아 1차원 배열에 보관한 후, 이 중에서 최대값을 구하는 프로그램이다. 배열의 쓰임새를 잘 익혀보자.

[프로그램 2-1] 최대값을 구하는 예제(max1.c)

```
#include <stdio.h>
void main()
{
    int num[10]; // 1차원 정수 배열 선언;
    int i, max; // max는 진행 중에 최대값을 저장하게 된다.
    printf("10개의 정수를 입력하세요 : ");
    for(i=0; i<10; i++) // 10개 정수 입력 받음
        scanf("%d", &num[i]);
    max = num[0]; // 일단 [0]방 값을 최대값이라 하고,
    printf("%d ", num[0]); // [0]방의 값을 출력한다.
    for(i = 1; i < 10; i++)
    {
        printf("%d ", num[i]); // 현재 방의 값을 출력한다.
        if(num[i] > max) // 더 큰 게 발견되면,
            max = num[i]; // max값을 새롭게 바꾸어준다.
    }
    printf("\n위 10개 수 중에서 최대값은 %d입니다.\n", max);
}
```

만약, 34, 14, 26, 89, 57, 76, 12, 93, 32, 45 라고 10개 정수를 입력하였다면,

결과화면

```
10개의 정수를 입력하세요 : 34 14 26 89 57 76 12 93 32 45
34 14 26 89 57 76 12 93 32 45
위 10개 수 중에서 최대값은 93입니다.
```

이 나오게 된다.

2 | 구조체(structure)

2.1 구조체의 개념과 필요성

프로그램에서 어떤 사물의 정보를 모아 묶어서 표현하고자 할 때 편리하게 사용할 수 있는 것이 구조체이다. 예를 들어 학생 성적을 처리하는 프로그램을 생각해 보자. 학생 1명의 성적 처리 정보를 (학번, 이름, 국어성적, 수학성적, 영어성적, 평균)으로 묶어 표현한다고 생각했을 때, 이렇게 학생 1명의 정보를 묶어 구조체라는 것으로 표현할 수 있는 것이다.

2.2 구조체와 비슷한 예제들

구조체 개념과 비슷한 예제는 여러 가지 생각해 볼 수 있다. 엑셀 등에서 표를 만들 때 우리는 어떤 항목들을 모아 표로 구성할 것인가를 먼저 생각하게 될 터인데, 이것도 구조체와 비슷한 개념이다. 또 인터넷 사이트에서 회원 가입을 하고자 할 때, 회원 정보를 구성하는 (아이디, 비밀번호, 전화번호, 등등)도 여러 항목을 묶어 하나의 회원 정보를 표현하는 것으로서 이것도 구조체와 비슷한 개념이라고 할 수 있겠다.

2.3 구조체에 관한 문법 사항 정리

- 학생 1명의 성적정보(학번, 이름, 국어성적, 영어성적, 수학성적, 합계, 평균)를 보관해야 한다고 결정했다면, 아래와 같이 각 항목들을 묶어 자료정의를 할 수 있을 것이고,

학번	이름	국어	영어	수학	평균

이를 C 언어의 구조체 문법으로 정의하면 다음과 같다.

```
1   struct Student // 구조체 Student의 정의
2   {
3      int hakbun; // 학번
4      char name[20]; // 이름
5      int kor; // 국어 성적
6      int eng; // 영어 성적
7      int mat; // 수학 성적
8      double average; // 평균 성적
9   }; // 구조체 정의 끝
```

- Student는 정의하려는 구조체 이름(Tag name)이며, 임의로 작명할 수 있다.
- 3라인부터 8번 라인까지가 각 항목들을 나타내며, 이를 필드(field) 혹은 멤버(member)라고 한다.
- 2번 라인과 9번 라인의 중괄호로 멤버들을 둘러쌈으로서, 이 항목들이 한 묶음임을 표시해 준다. 9번 라인 뒤에 세미콜론(;) 있는 것 주의!
- 이제 학생 정보를 보관할 Student라는 이름의 구조체 정의를 하였으니, 이제 실질적으로 학생 정보를 보관할 구조체 변수를 선언해보자. 만약에 김대한, 이민국, 홍길동 이렇게 세 학생의 정보를 보관하고자 한다면, 아래와 같이,

```
struct Student daehan, minkuk, kildong; // 세 개 구조체 변수의 선언
```

daehan, minkuk, kildong 3개의 변수를 선언하게 된다.

- struct 라는 키워드는 생략할 수 있다.

```
Student daehan, minkuk, kildong; // 세 개 구조체 변수의 선언
```

(* 컴파일러의 종류에 따라, 예를 들어 Codeblocks:MingGW 컴파일러에서는 struct 키워드를 생략하지 못하게 하는 경우도 있다)

- 지금까지 한 작업을 그림으로 이해하면 아래와 같다.

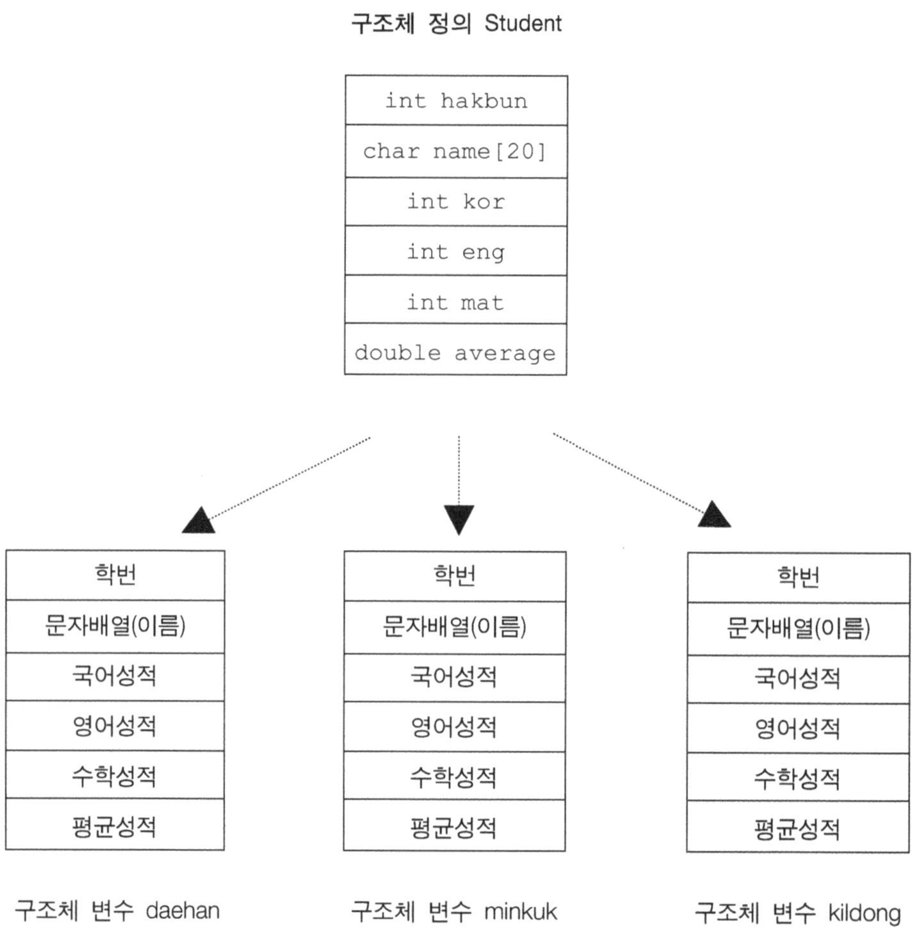

[그림 2-3] 구조체 정의와 구조체 변수

- 이제 김대한 학생의 국어 성적이 98점임을 보관하고자 한다면,

(1) 해당하는 변수는 daehan 변수이므로, 아래와 같이,

```
daehan.kor = 98;
```

과 같이 써주면 된다. 이 때 점(.)은 "daehan의 kor 항목"이라는 의미로 사용되었고, 이를 멤버 연산자(member operator)라고 한다.

2.4 꼭 기억해야 할 사항

위 설명에 표시되었지만 구조체를 프로그램에서 사용할 때 꼭 잊지 말아야 할 점은, 첫째 구조체 정의를 하고난 후, 구조체 변수 선언을 한다는 점이다. 구조체 정의는 프로그래머가 어떤 항목들을 묶어 한 묶음으로 표현할 것인가를 정의하는 단계이며, 구조체 변수 선언은 이제 구조체 정의에 따라 실제 값을 보관할 그릇을 마련하는 단계라고 생각할 수 있는 것이다. 우리가 엑셀 등에서 표를 만들 때에도, 맨 처음 하는 일은 어떤 항목들을 표로 만들 것인 가를 정하는 단계(구조체 정의 단계와 같다.)이고, 그 다음으로 실제 정보들을 입력할 줄들을 만들고, 실제 값들을 입력하게 될 것인데, 실제 정보를 입력할 줄을 한 줄 만드는 것을 구조체 변수 선언과 같은 행위로 생각할 수 있는 것이다.

2.5 구조체 변수에 초기값 주기

int x = 10; 이라는 문장은 x라는 정수형 변수를 선언함과 동시에 10이라는 초기값을 기억시키는 의미이다. 이와 비슷한 생각으로 구조체 변수에 대해서도 구조체 변수를 선언함과 동시에 초기값을 주어 아래와 같이 각 멤버에 값을 기억시킬 수 있다.

```
struct Student daehan; // 구조체 변수 daehan 선언
daehan.hakbun = 100;
strcpy(daehan.name, "김대한");
daehan.kor = 96;
daehan.eng = 88;
daehan.mat = 90;
daehan.average = (daehan.kor + daehan.eng + daehan.mat) / 3.0;
```

- 혹은 더 간단히 아래처럼 할 수도 있다.

```
struct Student daehan = { 100, "김대한", 96, 88, 90 };
daehan.average = (daehan.kor + daehan.eng + daehan.mat) / 3.0;
```

2.6 구조체 배열

만약에 3명 학생에 대해서만 프로그램 한다면 위와 같이 하면 되겠지만, 만약에 100명 학생의 정보를 보관해야 한다면, 위와 같이 100개의 변수를 일일이 열거하는 식으로 프로그램을 작성할 수는 없다. 그래서 구조체에 대해서도 아래와 같이 배열을 선언해 사용할 수 있다.

```
struct Student hs[100];
```

- 학생 100명의 정보를 보관할 구조체 배열 이름이 hs이고 각 구조체 방은 배열에서와 같이 방번호 [0]부터 [99]까지로 구분하면 된다.

2.7 구조체 예제 프로그램

지금까지 구조체에 관하여 간단히 문법 사항을 정리하였다. 혹시 구조체에 대해서 미진하다고 생각되면, 각자 따로 구조체에 대한 학습을 더하기 바란다. 이제 구조체를 사용하는 가장 기본적인 예제를 실습해 보기로 하자.(학생 100명 등을 하면 더 리얼하겠지만, 실습의 편의 상 3명 학생에 대해서만 배열을 사용하는 것으로 하자.)

[프로그램 2-2] 구조체 배열을 이용하여 학생 성적을 처리하는 예제(strtarr.c)

```
#include <stdio.h>
void main()
{
   struct Student // 구조체 Student 정의
   {
      int hakbun;
      char name[20];
      int kor;
      int eng;
      int mat;
      double average;
   };
   struct Student hs[3]; // 3개 방을 가지는 구조체 배열 선언
   int i;

   printf("3명 학생의 성적을 차례대로 입력하세요\n");
   for(i=0; i<3; i++) // 3명의 학생 성적을 입력받는다.
   {
      printf("\n%d번째 학생 성적 입력\n", i+1);
      printf("학번을 입력하세요 : ");
      scanf("%d", &hs[i].hakbun);
      printf("이름을 입력하세요 : ");
```

```
        scanf("%s", hs[i].name);
        printf("국어성적을 입력하세요 : ");
        scanf("%d", &hs[i].kor);
        printf("영어성적을 입력하세요 : ");
        scanf("%d", &hs[i].eng);
        printf("수학성적을 입력하세요 : ");
        scanf("%d", &hs[i].mat);
        hs[i].average = (hs[i].kor + hs[i].eng + hs[i].mat) / 3.0;
    }
    for(i=0; i<3; i++) // 10명의 학생 성적을 출력한다.
    {
        printf("\n%s 학생의 성적은 다음과 같습니다.\n\n", hs[i].name);
        printf("학 번 : %d\n", hs[i].hakbun);
        printf("이 름 : %s\n", hs[i].name);
        printf("국 어 : %d\n", hs[i].kor);
        printf("영 어 : %d\n", hs[i].eng);
        printf("수 학 : %d\n", hs[i].mat);
        printf("평 균 : %lf\n", hs[i].average);
    }
}
```

결과화면

입력을 아래 결과 화면과 같이 하였다면, 다음과 같이 출력된다.

```
3명 학생의 성적을 차례대로 입력하세요

1번째 학생 성적 입력
학번을 입력하세요 : 100
이름을 입력하세요 : 김대한
국어성적을 입력하세요 : 89
영어성적을 입력하세요 : 80
수학성적을 입력하세요 : 97

2번째 학생 성적 입력
학번을 입력하세요 : 200
이름을 입력하세요 : 이민국
국어성적을 입력하세요 : 93
영어성적을 입력하세요 : 86
수학성적을 입력하세요 : 93

3번째 학생 성적 입력
학번을 입력하세요 : 300
이름을 입력하세요 : 홍길동
국어성적을 입력하세요 : 95
영어성적을 입력하세요 : 93
수학성적을 입력하세요 : 98

김대한 학생의 성적은 다음과 같습니다.

학 번 : 100
이 름 : 김대한
국 어 : 89
영 어 : 80
수 학 : 97
평 균 : 88.666667

이민국 학생의 성적은 다음과 같습니다.

학 번 : 200
이 름 : 이민국
국 어 : 93
영 어 : 86
수 학 : 93
평 균 : 90.666667

홍길동 학생의 성적은 다음과 같습니다.

학 번 : 300
이 름 : 홍길동
국 어 : 95
영 어 : 93
수 학 : 98
평 균 : 95.333333
```

설명

3명 학생에 대한 처리를 위해 13번 라인에서 구조체 배열을 선언하고 있음을 볼 수가 있다. 그리고 17번 라인에서 31번 라인까지 3명 학생 성적을 구조체 배열 hs[i]에 보관하기 위해 for 반복문을 사용하고 있다는 점을 살펴보기 바란다. 그러니까 맨 처음 입력받는 학생의 성적 정보는 hs[0] 방에 보관되고, 다음 학생의 성적 정보는 hs[1]에 보관되는 식으로 계속 반복하게 되며, 결과적으로 마지막 3번째 학생의 성적 정보는 hs[2]방에 보관되게 되는 것이다. 이제 학생 성적 정보를 차례대로 출력하기 위해 32번 라인에서 41번 라인까지 또 다른 for 반복문에 의해 출력하고 있다.

3 | 주소와 포인터 변수(Address and Pointer Variable)

3.1 메모리 주소와 컴퓨터의 기본 동작 과정

알다시피 컴퓨터를 구성하는 주요 부분으로서 주기억장치(메모리)가 있다. 주기억장치는 바이트(byte)의 모임이라고 할 수 있으며, 맨 처음 바이트를 0번지, 다음 바이트를 1번지 등으로 일련번호를 부여한 것을 주소(address)라고 한다. 그러니까 주기억장치의 정확한 위치를 주소로 표현하게 되는 것이다.

한편, 컴퓨터에서 실행될 모든 프로그램은 컴파일러를 통해 기계어로 변환된 후, 주기억장치에 자리한 후, 기계어 명령어를 하나씩 CPU로 가져가 실행하게 되며, 그 결과로 프로그램의 실행결과가 모니터 화면 등을 통해 나타나게 되는 것이다. 이러한 컴퓨터의 기본 동작과 주소를 프로그램에서 활용할 수가 있는데 이를 문법적으로 나타내는 것이 포인터 변수이다. 이에 대해서 알아보자.

3.2 포인터 변수

3.2.1 변수에 대해 다시 한 번 생각해 보자.

- 변수는 뭔가를 담는(기억하는) 그릇과 같다고 이해 할 수 있다.
- 정수를 담는 변수(그릇)은, int x; 와 같이 변수 선언을 하여 사용할 수 있고,
- 실수를 담는 변수(그릇)은, double y; 와 같이 변수 선언을 하여 사용할 수 있고,
- 문자를 담는 변수(그릇)은, char z; 와 같이 변수 선언을 하여 사용할 수 있다.

* 더 일반화 하면 배열이나 구조체도 그렇게 생각할 수 있다.

3.2.2 프로그램 실행 시 변수의 모습

그렇다면, 변수는 프로그램이 실행될 때, 주기억장치의 일부를 차지하게 될 것이다. 컴퓨터에서 뭔가를 기억할 수 있는 곳이 주기억장치이기 때문이다. 변수가 주기억장치의 일부를 차지한다는 사실을 조금 구체적으로 살펴보기 위해 아래 [그림 2-4]를 보자.

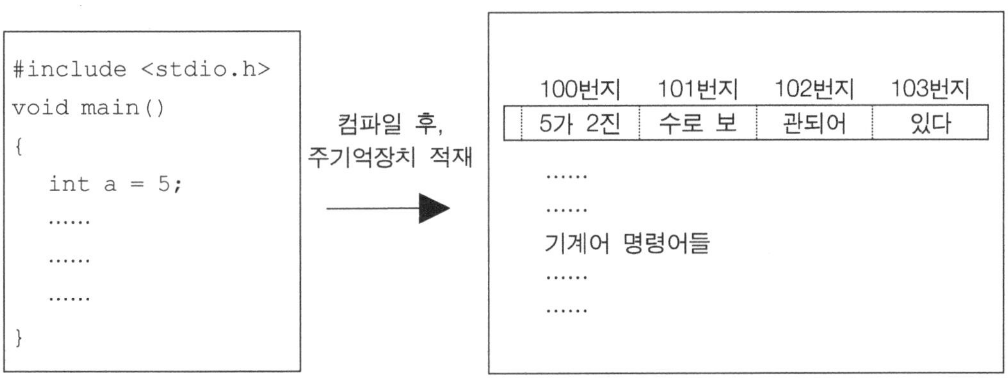

(소스 프로그램 모습) (주기억장치 내 기계어 프로그램 모습)

[그림 2-4] 소스 프로그램과 기계어 프로그램의 모습

예를 들어 어떤 소스 프로그램을 작성할 때 int a = 5;라는 정수형 변수 int a;를 선언하고 초기값으로 5를 주었다고 하자. 이제 소스 프로그램을 컴파일 하여 기계어 프로그

램으로 만든 후 주기억장치에 적재했을 때, 변수 a는 주기억장치의 어느 위치(예를 들어 100번지부터 103번지까지)에 4바이트를 차지하게 되는 것이다. 또 초기값으로 5를 부여하였기 때문에 2진수 형태로 4바이트에 걸쳐 5를 기억하고 있는 것이다.

여기서 왜 100번지이냐는 중요하지 않다! 1000번지라고 생각해도 좋고, 2000번지라고 생각해도 좋다. 주기억장치의 어느 부분을 차지할 것이므로 편의 상 100번지라고 하였을 뿐이다.

이제 우리는 변수에 대해 중요한 사실 하나를 발견할 수 있다! [그림 2-4]의 예를 기준으로 보면, ① 변수 a는 무엇을 기억하고 있는가? 5를 기억하고 있다. ② 변수 a는 주기억장치 어디에 위치하고 있는가? 100번지에서 103번지에 걸쳐 위치하고 있다. 즉, 우리는 변수에 대해서 두 가지 측면을 항상 생각할 수 있는 것이다! 그 변수가 기억하고 있는 "값"과 그 변수가 위치하고 있는 "주소" 가 그것이다! 흡사 동전의 양면처럼 말이다.

지금부터는 변수를 생각할 때 항상 "값"과 "주소"라는 두 가지 측면을 생각하기로 하자. 이것이 포인터 변수를 이해하는 중요한 첫 번째 기초라고 할 수 있다.

한편, int 정수형 변수가 4바이트를 차지한다는 것을 우리는 알고 있기 때문에, [그림 2-4]의 경우 "변수 a는 100번지에서 103번지에 걸쳐 위치한다."라고 번거롭게 이야기하기 보다는 "변수 a는 100번지에 위치한다."라고 간략히 그 시작 주소만 이야기하는 것이 보통이므로 우리도 앞으로는 그렇게 이야기하기로 하자.

결론적으로 다시 한 번 강조하지만, 변수는 동전의 양면과 같이 항상 "값"과 "주소"라는 두 가지 측면을 생각할 수 있다는 것을 꼭 기억해 두도록 하자.

3.2.3 a = b; 에 대한 이야기

① 값과 주소의 사용

이제 위에서 설명한 변수에 대한 이야기를 바탕으로 a = b;라는 지극히 평범한 명령어를 같이 생각해 보기로 하자.

정수형 변수 a와 b가 각각 3과 5라는 값을 아래 [그림 2-5]처럼 기억하고 있다고 하자.

[그림 2-5] int a = 3; int b = 5; 의 주기억장치 내 모습

앞에서 설명하였던 것처럼 a 변수, b 변수의 값과 주소 두 가지 측면을 생각하여 [그림 2-5]에는 "값"과 "주소"를 각각 표시하였다.

우리가 흔히 사용하는 간단한 명령문인 a = b;는 무슨 뜻인가? 쉽게 알 수 있는 바와 같이 b 변수의 값이 a 변수에 대입되는 명령이므로 명령어 실행 후에는 a, b 변수 모두 5라는 값을 기억하게 될 것이다.

그런데 변수가 "값"과 "주소"라는 2가지 측면을 지니고 있다는 점을 고려하면, a = b; 명령은 "100번지에 5를 대입하라"라는 의미로 구체적으로 해석할 수 있다. 그렇지 않은가? 100번지(앞에서 설명한 것처럼, 정확하게는 100번지에서 103번지까지)에 5를 대입해야 변수 a가 이제 5를 기억하지 않겠는가?

우리 눈에는 a = b;와 같이 그냥 a, b 변수 이름을 사용한 것으로 보이지만, 대입연산자의 왼쪽에 사용된 a 변수는 "주소"라는 측면이 사용되었고, 대입연산자의 오른쪽에 사용된 b 변수는 "값"이란 측면이 이용되었다고 이제는 구분하여 말할 수 있는 것이다.

변수가 대입연산자 왼쪽에 사용된 경우를 제외하고는, 일반적으로 변수를 사용하면 그 변수의 "값" 측면이 사용된 것으로 간주된다. 예를 들어, printf("%d", a); 와 같은 출력문에서 사용된 변수 a도 a 변수의 "값"이 사용되었다고 할 수 있는 것이다.

3.2.4 포인터 변수

이제 포인터 변수를 살펴볼 시점에 도달했다. 포인터 변수가 무엇이며, 그 필요성 및 관련 문법이 어떻게 되어 있는 지를 살펴보기 전에 예화를 먼저 소개하기로 하자.

1) 포인터 변수가 무엇인가?

"친구 사이인 A, B, C 세 사람은 학교 정문에서 오후 6시에 만나기로 약속하였다. A와 B는 약속 시간인 6시에 정확하게 학교 정문에 도착하여 만났지만, 어찌된 일인지 C

가 30분이 지나도록 나타나지 않았다. 핸드폰으로 연락을 해보아도 전화기가 꺼져 있어 연락이 되지 않는다. A와 B는 할 수없이 메모지에 'C에게 : 도착하면, 학교 정문 맞은편 건물 4층 조이PC방으로 오너라.'라고 써서 학교 정문에 붙여 둔 후, 둘이서 먼저 조이PC 방으로 갔다. 한편 1시간이나 늦게 도착한 C는 학교 정문에서 그 메모지를 보고는 A와 B가 있는 조이PC방으로 가서 친구들을 만나 수 있게 되었다."

조금은 비현실적인 것 같기도 하고, 재미없는 이야기이기도 하지만, 위 예화가 우리가 살펴볼 포인터 변수에 대해서 많은 것을 시사해 주고 있다. 이 예화를 바탕으로 포인터 변수의 쓰임새를 이해하고, 포인터 변수의 문법에 대해서도 이해해 보도록 하자.

포인터 변수란 무엇인가? 결론적으로 먼저 말하자면, 위 예화의 "메모지"와 같은 것이다. 위 이야기에서 메모지의 역할은 무엇인가? "학교 정문 맞은편 건물 4층 조이PC방"이라는 위치, 즉, 주소 정보를 보관(저장)하는 역할이다. 그래서 C가 그 메모지를 보고 최종적으로 조이PC방으로 오게 하는 역할이다.

이것이 핵심이다! 포인터 변수의 역할도 이와 똑같다. 포인터 변수는 어떤 주소(물론 주기억장치의 주소이다.)를 보관하는 역할을 함으로써, 나중에 그 주소로 찾아가게 하는 역할을 하는 것이다.

따라서 포인터 변수는 아래와 같이 정의할 수 있다.

> 포인터 변수란?
>
> "주소를 그 값으로 보관하는 변수"

아직은 포인터 변수가 무엇인지에 대해서 현실적으로 감이 오지 않을 것 같다. 먼저 아래와 같이 다시 한 번 정리하고 설명을 계속하기로 하자.

> 정수형 변수 : 정수를 그 값으로 보관하는 변수
> 실수형 변수 : 실수를 그 값으로 보관하는 변수
> 문자형 변수 : 문자를 그 값으로 보관하는 변수
> 포인터 변수 : 주소를 그 값으로 보관하는 변수

포인터(pointer)란 그 뜻이 "무엇인가를 가리키는 것"이다. 그러니까 포인터 변수는 무엇인가를 가리키는 역할을 하는 변수라는 뜻이다. 위 예화의 메모지는 무엇을 가리키는가? "조이PC방"을 가리킨다.

만약에 포인터 변수 p가 100번지를 그 값으로 보관하고 있다면, 포인터 변수 p는 "100번지를 가리킨다."라고 말할 수 있다. 이제 아래 [그림 2-6]을 보면서 위 예화의 메모지의 역할을 비교하면서 포인터 변수의 역할을 잘 이해해 보도록 하자.

[그림 2-6] 메모지 예화와 포인터 변수 p가 100번지를 가리키는 모습

[그림 2-6]에서 포인터 변수 p의 주소를 300번지로 표시해 둔 것은 포인터 변수 p 자체도 "값"과 "주소"라는 두 가지 측면을 지니는 변수이기 때문에 임의로 300번지라고 표시해 둔 것이다. 위 예화에서 메모지가 "조이PC방"을 그 "값"으로 간직하고 있고, "학교정문"이라는 "위치(주소)"에 있는 것과 마찬가지로 포인터 변수 p도 "100번지"를 그 "값"으로 간직하고 있고, "300번지"에 위치하고 있다고 생각하면 되는 것이다.

그러면, 포인터 변수가 어떤 주소 위치를 가리켜서 뭘 하려고 그러는 것일까? 즉 포인터 변수는 왜 필요한 것일까? 이 질문은 위 예화에서 "메모지가 왜 필요한가?"라는 질문과 똑같다고 할 수 있다. 메모지는 C를 위하여 필요한 것이었다. C는 조이PC방으로 직접 찾아 온 것이 아니라(C 입장에서는 메모지를 보지 않고는 직접 조이PC방으로 찾아올 수가 없다!), 일단 학교 정문으로 가서 메모지를 본 후, (간접적으로) 조이PC방을 찾아간 것이다. 이와 마찬가지로 포인터 변수도 포인터 변수를 거쳐 최종 목적지를 찾아 가도록 하는 역할을 하는 것이다. 프로그램 상에서 포인터 변수를 이용하면 다양한 형태의 프로그램을 작성할 수가 있는데, 이에 대해서는 조금 후에 예제 프로그램을 통해서 확인해 보도록 하자.

2) 포인터 변수의 문법 사항

이제 실제 포인터를 사용하는 간단한 예제 프로그램들을 통하여 포인터 변수에 관한 기본 문법도 익히고, 위 설명들을 다시 한 번 구체적으로 느껴보도록 하자. 아래 [프로그램 2-3]을 보자.

[프로그램 2-3] 포인터 변수에 관한 기본 문법을 보여주는 예제(pointer.c)

```
#include <stdio.h>
void main()
{
    int a = 3, b = 5; // 정수형 변수 a와 b
    int *p; // 포인터형 변수 p 선언
    p = &a; // p가 a의 주소를 보관함(a를 가리킴), &는 주소 연산자
    printf("a의 값(직접) : %d\n", a); // a 변수의 값을 직접 출력
    printf("a의 값(간접) : %d\n", *p); // a 변수의 값을 간접적으로 출력
    p = &b; // p가 b의 주소를 보관함(b를 가리킴)
    printf("b의 값(직접) : %d\n", b);
    printf("b의 값(간접) : %d\n", *p);
}
```

◆ 결과화면

```
a의 값(직접) : 3
a의 값(간접) : 3
b의 값(직접) : 5
b의 값(간접) : 5
```

추가 실습 해보기

- 4번 라인 다음에 printf("%d %d\n", &a, &b); 넣어 보기 → 실제 변수 a와 b의 주소를 출력해 볼 수 있다.
- 6번 라인 다음에 printf("%d\n", p); 넣어보기 → 실제 변수 p에 보관된 값(주소)을 출력해 볼 수 있다.
- 9번 라인 다음에 printf("%d\n", p); 넣어보기 → 실제 변수 p에 보관된 값(주소)을 출력해 볼 수 있다.

설명

포인터 변수를 사용하는 프로그램을 이해하고자 할 때는 그 프로그램에 사용되는 변수들에 대해서 그림을 그리면서 살펴보는 것이 큰 도움이 된다. 아래 [그림 2-7]을 보면서 프로그램을 살펴보기로 하자.

먼저 4번 라인에서 변수 a와 b를 선언하고 초기값으로 각각 3과 5를 주고 있다. 이어서 5번 라인이 포인터 변수를 선언하는 문법을 보여주고 있는데, p라는 이름의 변수 앞에 * 표시를 함으로써 p가 포인터 변수임을 선언하게 된다. 즉 변수 p는 주소를 보관하는 변수임을 선언한 것이다. 포인터 변수를 선언하는 모습을 눈에 익혀 두기 바란다. 이어서 6번 라인에서 p = &a; 하고 있는데 &a는 "a변수의 주소"를 의미한다. & 기호를 주소연산자라고 한다. 이제 [그림 2-7]을 보면서 계속 설명하기로 하자. [그림 2-7]은 위 4번, 5번, 6번 라인까지의 실행과정을 그림으로 보여주고 있다.

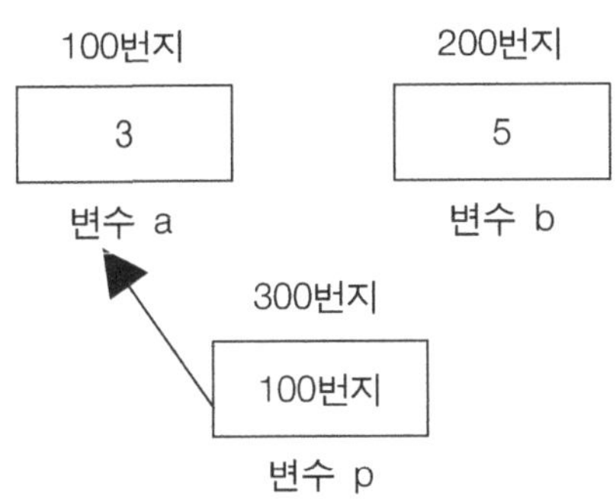

[그림 2-7] 포인터 변수 p가 변수 a를 가리키는 모습

a 변수가 "값" 3을 보관하고 "주소" 100번지에 위치하고 있고, b 변수는 "값" 5를 보관하고 "주소" 200번지에 위치하고 있었다면, 6번 라인에 의해 포인터 변수 p에는 변수 a의 주소인 주소 100번지가 그 "값"으로 보관되게 될 것이다. 앞에서도 설명한 것처럼 포인터 변수 p 자체도 변수이므로 "주소" 300번지에 위치하고 있다고 생각하자.(다시 한 번 말하지만 100번지, 200번지, 300번지의 특정한 주소 자체는 아무 의미가 없다. 편의상 그 주소에 있다고 가정하는 것이다.) 이제 포인터 변수 p는 100번지 즉, 변수 a를 "가리킨다."라고 말할 수 있는 것이다.

이제 7번 라인에 의해 변수 a의 값을 출력하면 당연히 3이 출력될 것이다. printf 출력문에서 변수 a를 직접 지칭하였기 때문에 직접 출력이라고 생각할 수 있다.

이어서 8번 라인을 주의 깊게 보도록 하자. %d 변환 기호에 대응하는 것이 *p 인 것을 볼 수가 있는데, 이는 "p가 가리키는 것"의 의미이다. 즉, p는 100번지에 위치하고 있는 a 변수를 가리키고 있으므로 *p는 내용적으로 변수 a와 똑같은 것이다. 따라서 8번 라인에 의해서도 3이 출력되게 된다.

우리가 여기서 생각해 봐야 할 것은 최종 목표 지점인 a 변수를 찾아가기 위해서 먼저 p 변수를 읽어 그 값이 100번지임을 보고, 다시 100번지로 가서 최종적으로 3이라는 값을 얻어 출력하는 그 과정이다. 즉, a의 값 3을 얻어내기 위해서 p를 거쳐 "간접적"으로 찾아간 것이라고 말할 수 있는 것이다. 흡사 위의 예화에서 C가 메모지를 보고 조이PC 방을 간접적으로 찾아간 것처럼 말이다. 이런 의미에서 8번 라인에서 사용된 * 기호를 "간접연산자"라고 부른다. 왜 간접연산자라고 부르는지를 느껴보기 바란다. 한편, * 기호는 위 프로그램에서 두 가지 의미로 사용되었는데 5번 라인에서 변수 p가 포인터 변수임을 선언하기 위해서 사용되었고, 그 이 후, 8번 라인에서 "간접연산자"로도 사용되었다. 이 두 가지 쓰임새를 혼동해서는 안 되겠다. 사실상 * 기호는 곱하기연산자로도 쓰이지만 각 경우의 * 쓰임새를 조금만 주의 깊게 살펴보면 어떤 경우로 쓰였는지 금방 알 수 있으므로 크게 염려하지 않아도 될 것이다.

계속해서 프로그램을 살펴보자. 9번 라인에서 p = &b; 함으로써 이제 b의 주소인 200번지를 포인터 변수 p에 보관함으로써 p 변수가 더 이상 변수 a를 가리키는 것이 아니라 이제 아래 [그림 2-8]처럼 변수 b를 가리키게 된 것이다.

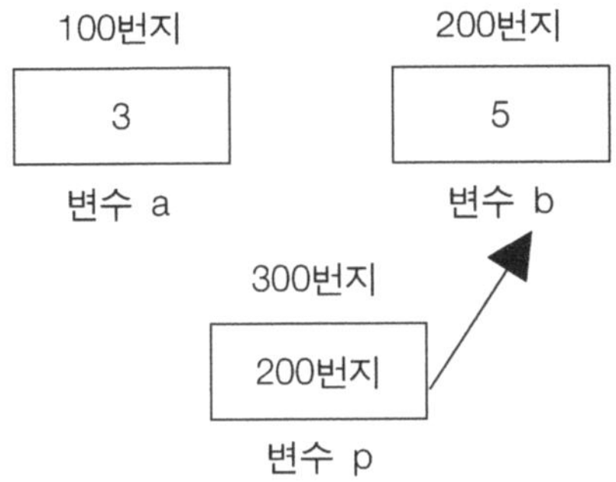

[그림 2-8] 포인터 변수 p가 변수 a를 가리키는 모습

10번, 11번 라인은 포인터 변수 p가 변수 a를 가리켰을 때와 똑같이 이제 변수 b를 가리키고 있는 상태에서 변수 b의 값을 직접 출력하고, 간접 출력하는 과정을 보여주고 있다.

혹시, 7번 라인이나 10번 라인처럼 직접 출력하면 되는데 뭐하려고 굳이 포인터 변수와 간접연산자를 사용해서 8번 라인이나 11번 라인처럼 복잡하게 출력하는가라고 아직도 의문을 가지고 있다면, 또 다시 예화에서 메모지가 왜 필요했던 가를 상기해보기 바란다. C 입장에서는 메모지가 없었다면 친구들이 있는 조이PC방을 찾아갈 수 없었을 것이다. 물론 위 프로그램에서는 7번, 10번 라인처럼 직접 출력을 사용하는 것이 좋겠지만, 특히 배열과 함수를 활용하는 프로그램에서는 포인터 변수와 간접연산자를 사용해야 될 필요가 생기게 된다. 특히 함수에게 인수로 배열을 넘겨줄 때가 그렇다. 이에 대해서는 나중에 확인해 보도록 하자.

이제 포인터 변수를 선언하는 위 [프로그램 2-3]의 5번 라인을 다시 한 번 살펴보자. int *p;라고 p가 포인터 변수임을 선언하는 문장에서 제일 앞의 int의 역할은 무엇일까? 이는 [그림 2-7]이나 [그림 2-8]에서 쉽게 확인해 볼 수 있는데, 포인터 변수 p가 가리키게 되는 100번지나 200번지를 가보면 3이나 5와 같은 정수(int)가 있을 것임을 의미하는 것이다. 다시 말해 int *p; 라고 함으로써 포인터 변수 p는 정수(int)가 들어 있는 곳을 가리킬 용도의 포인터 변수라는 것을 선언하는 것이다. 따라서 아래와 같이,

```
1  int a = 3, b = 5; // 정수형 변수 a와 b
2  double c = 4.5; // 실수형 변수 c
3  int *p; // 포인터형 변수 p
4  p = &a; // 올바른 경우
5  p = &b; // 올바른 경우
6  p = &c; // 틀린 경우
```

하였을 때, 6번 라인과 같은 경우는 틀린 경우이다. 왜냐하면 포인터 변수 p가 double 실수형 변수 c의 주소를 가지게 되면, 원래 3번 라인에서 포인터 변수 p가 int 정수형 변수를 가리킬 것이란 선언과 틀려지게 되기 때문이다.

지금까지의 이야기를 정리해 보도록 하자.

① 포인터 변수 : 주소를 그 값으로 보관하는 변수
② 포인터 변수의 선언 : int *p;
- * 기호를 변수 이름 앞에 붙인다.
- int는 정수(int)가 있는 위치를 가리킬 것이라는 의미이다.
③ 포인터 변수 사용 : p = &a;
- 포인터 변수에 어떤 변수의 주소를 저장함으로써 그 변수를 가리킨다.
④ 포인터 변수 사용 : printf("%d", *p);
- *p는 "p가 가리키는 것"의 뜻으로 간접연산자를 사용한다.

포인터 변수를 처음 학습할 때는 처음에 이해를 했더라도 시간이 조금 지나면 또 그 개념이 혼란스럽고 하기 때문에, 그럴 때마다 위 예화와 더불어 변수에 대한 그림을 그려가면서 반복적으로 이해해가도록 하기 바란다.

3) 포인터 변수를 사용하는 간단한 예제

[프로그램 2-4] 문자열에서 포인터 변수를 사용하는 예제(strpointer.c)

```
1   #include <stdio.h>
2   void main()
3   {
4     char text[10] = "Friends"; // 문자열
5     char *p; // 문자형 포인터 변수 선언
6     p = &text[0]; // p는 text[0], 즉 'F'를 가리킴
7     printf("%c ", *p); // 'F'가 출력됨
8     p = &text[5]; // 이제 p는 text[5], 즉'd'를 가리킴
9     printf("%c\n", *p); // 'd'가 출력됨
10  }
```

◆ 결과화면

```
F d
```

◆ 설명

4번 라인의 문자형 배열 text는 아래 [그림 2-9]와 같은 모습으로 이해할 수 있을 것이다.

100번지	101번지	102번지	103번지	104번지	105번지	106번지	107번지	108번지	109번지
'F'	'r'	'i'	'e'	'n'	'd'	's'	'\0'		
[0]	[1]	[2]	[3]	[4]	[5]	[6]	[7]	[8]	[9]

[그림 2-9] char text[10] = "Friends"; 배열의 모습

문자열은 문자형 배열에 4번 라인과 같이 보관하게 되는데, "Friends"라는 문자열을 방이 10개인 text 배열에 보관하면 위 [그림 2-9]처럼 보관되게 된다. text 배열의 맨 첫 번

째 방의 주소가 100번지라고 하면, 문자형은 1바이트 크기를 차지하므로 차례대로 100, 101, 102, … 번지와 같이 배열의 각 방에 대한 주소를 생각할 수 있을 것이다. 이제 5번 라인에서 p 변수가 문자를 가리키는 포인터 변수임을 선언하였고, 6번 라인에서 text[0] 방의 주소 100번지를 p 변수에 보관했으므로, p 변수는 이제 100번지 즉, text[0] 방을 가리키게 된다. 7번 라인에서 간접 연산자를 이용하여 p가 가리키는 것, 즉 text[0]의 "값"을 출력하면, 당연히 'F'가 출력되는 것이다. 다시 8번 라인에서 text[5] 방의 주소 즉, 105번지를 p에 보관함으로써 이제 p 변수는 text[5]를 가리키게 된다. 그리고 9번 라인에서 역시 간접연산자를 이용하여 변수 p가 가리키는 것을 출력하면, 이제 text[5]의 "값"인 'd'가 출력되어 결과 화면과 같이 출력되게 되는 것이다. 아래 [그림 2-10]은 포인터 변수 p가 text[0]방과 text[5] 방을 가리켰을 때의 모습을 각각 보여주고 있다.

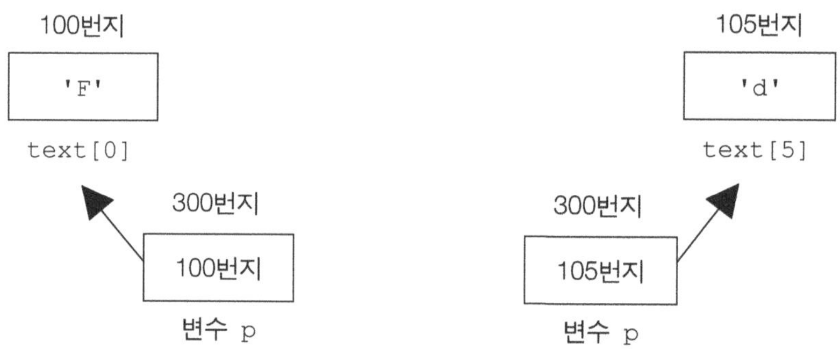

[그림 2-10] 포인터 변수 p가 text[0], text[5]를 각각 가리켰을 때의 모습

사실 위 프로그램은 printf("%c ", text[0]);와 printf("%c\n", text[5]);와 같은 명령문을 직접 사용함으로써 포인터 변수를 사용하지 않고도 'F'와 'd'를 출력할 수도 있지만, 위 예제는 포인터 변수와 간접연산자를 사용하여 똑같은 일을 할 수 있음을 보여주고 있는 것이다.

지금까지 우리는 포인터 변수에 대하여 그 문법을 중심으로 기본 쓰임새를 살펴보았는데, 우리가 포인터 변수에 대하여 더 알고 있어야 할 점은 포인터 변수와 배열, 그리고 함수와의 관계이다. 포인터 변수는 특히 배열과 어울려 사용함으로써, 그리고 함수와 같이 사용함으로써 그 진정한 쓰임새를 이해할 수 있는데 이런 점이 포인터 변수를 처음 배우는 사람에게 "포인터 변수는 이해하기 어렵다."라고 느끼게 하는 요인인 것 같다. 포인터 변수 자체를 이해하는데도 알쏭달쏭한 면이 있는데, 이것을 배열, 함수 등과 같이 종합적으로 생각해야 하니까 말이다.

3.3 포인터 변수와 배열

포인터 변수는 배열과 밀접한 관련성이 있다. 배열의 각 방을 지칭할 때 방 번호를 통해 직접적으로 접근할 수도 있지만, 포인터 변수를 통해서 간접적으로도 접근할 수 있기 때문에 이에 대해서 알아보고, 배열을 함수의 인수로 넘겼을 때 호출받는 함수에서 포인터 변수를 통하여 배열을 다루는 방법에 대해서도 살펴보기로 한다.

3.3.1 배열을 새롭게 바라보자

우리는 앞에서 배열에 대해서 알아보았다. 예를 들어 int data[10];과 같이 배열을 선언하였다면 아래 [그림 2-11]과 같이,

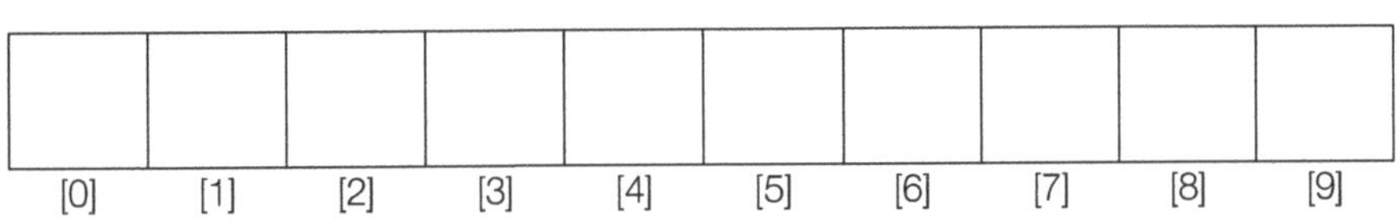

[그림 2-11] int data[10];으로 선언한 배열의 모습

정수(int)를 보관하는 방 10개가 확보되게 되고 배열의 각 방은 방 번호를 이용하여 data[0], data[5], data[9]와 같이 접근할 수 있을 것이다. 이제 int data[10];과 같은 배열의 모습을 아래 [그림 2-12]와 같은 모습으로 좀 더 확장하여 생각하기로 하자.

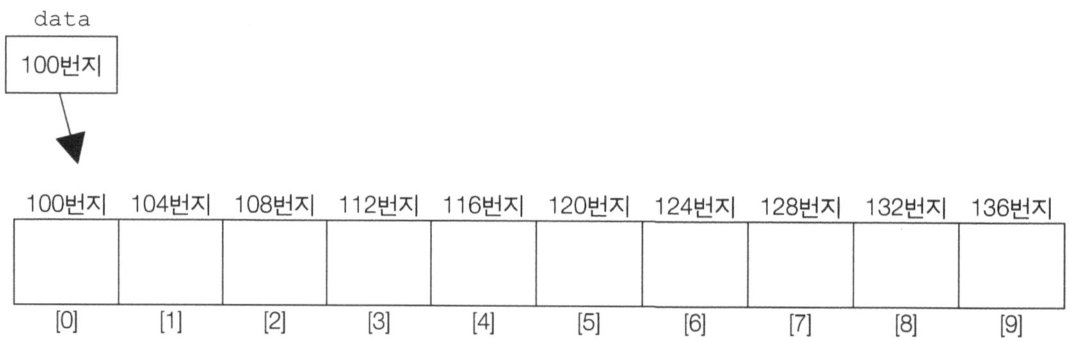

[그림 2-12] int data[10];으로 선언한 배열의 확장된 모습

int data[10];과 같은 배열을 어떻게 확장하여 생각하는지 살펴보자. 먼저 각 방에 대해서 주소를 생각할 수 있다. data[0] 방의 주소가 100번지였다면, 정수(int)는 4바이트 크기이므로 data[1] 방의 주소는 104번지이고, 계속해서 각 방의 주소를 위 [그림 2-12]에서와 같이 생각할 수 있을 것이다. 그러니까 배열의 각 방들도 변수와 똑같이 그 방들이 저장하고 있는 "값"과 "주소"라는 두 가지 측면을 생각할 수 있는 것이다. 어찌 생각하면 너무나 당연한 이야기이다. 배열 자체가 여러 개의 변수들 모임과 같은 것이기 때문에 배열의 각 방들에 대해서 "값"과 "주소"를 생각할 수 있는 것은 당연한 이야기인 것이다. 두 번째는 위 [그림 2-12]를 기준으로 말하면, 배열의 이름 data는 그 배열의 맨 처음 방인 data[0] 방의 주소인 100번지를 가지고 있는 흡사 포인터 변수인 것처럼 생각할 수 있다는 것이다. 이 점이 중요하다! "배열 이름은 그 배열의 시작주소이다."는 점을 잊지 말도록 하자.

① 배열의 각 방에 대해서도 "값"과 "주소"라는 양면을 생각할 수 있다.
② 배열의 이름은 그 배열의 시작 주소이다.

배열의 이름이 그 배열의 시작 주소라는 점은 실제로 아래와 같은 프로그램을 실행해 봄으로써 직접 확인해 볼 수가 있다. 아래 [프로그램 2-5]를 살펴보자.

[프로그램 2-5] 배열 이름이 그 배열의 시작 주소임을 보여주는 예제(arrname.c)

```
1     #include <stdio.h>
2     void main()
3     {
4        int data[5] = { 1, 2, 3, 4, 5 };
5
6        printf("data 배열의 시작 주소는 %u입니다.\n", data);
7        printf("data[0] 방의 시작 주소는 %u입니다.\n", &data[0]);
8        printf("data[1] 방의 시작 주소는 %u입니다.\n", &data[1]);
9        printf("data[2] 방의 시작 주소는 %u입니다.\n", &data[2]);
10       printf("data[3] 방의 시작 주소는 %u입니다.\n", &data[3]);
11       printf("data[4] 방의 시작 주소는 %u입니다.\n", &data[4]);
12    }
```

결과화면

```
data 배열의 시작 주소는 1245036입니다.
data[0] 방의 시작 주소는 1245036입니다.
data[1] 방의 시작 주소는 1245040입니다.
data[2] 방의 시작 주소는 1245044입니다.
data[3] 방의 시작 주소는 1245048입니다.
data[4] 방의 시작 주소는 1245052입니다.
```

설명

6번~11번 라인의 각 printf 출력문에서 사용하고 있는 %u 변환 기호는 정수를 "부호 없는 10진 정수"로 출력하고자 할 때 사용하는 변환 기호이다. 즉, 위 프로그램이 실행될 때의 실제 주소를 출력해보고자 사용한 변환 기호이다. 주소는 0번지부터 시작하기 때문에 부호를 생각할 필요가 없으므로 %u 변환 기호를 사용하고 있는 것이다.

이제 6번 라인을 보면, 배열의 이름인 data를 출력하고 있는데, 배열의 이름은 그 배열의 시작 주소라고 하였으므로 결과 화면에 출력된 1245036은 실제 data 배열이 시작되는 주기억장치 내에서의 실제 주소인 것이다.(프로그램이 실행되는 사용자의 컴퓨터마다 이 실제 주소값은 다를 수 있다.) 이어서 7번 라인에서 출력하고 있는 &data[0]은 data 배열의 맨 처음 방인 data[0]의 주소를 의미하는데 이를 출력한 결과 역시 1245036로 출력되고 있음을 볼 수가 있다. 이는 배열 이름 data가 그 배열의 시작 주소와 같음을 실제로 보여주고 있는 것이다. 아울러 8번~11번 라인까지 data 배열의 각 방의 주소가 출력된 것을 보면 정수(int)형 배열이므로 각 배열 방의 주소가 4씩 차이가 나고 있음을 실제로 확인해 볼 수 있다.

다시 한 번 강조하지만, 위 [프로그램 2-5]에서 실제로 확인해 본 것처럼 배열의 이름은 그 배열의 시작 주소와 같음을 잊지 말기 바란다.

3.3.2 주소에 대한 연산의 의미

배열의 각 방은 이미 알고 있는 바와 같이 방 번호를 통해 지칭할 수 있는데, 이제 포인터 변수를 통해 배열의 각 방을 지칭하는 방법을 살펴보기로 하자. 먼저 아래를 보자.

```
1   int data[10] = {1, 2, 3, 4, 5, 6, 7, 8, 9, 10};
2   int *p;
3   p = data;
4   printf("%d %d\n", data[0], *p); // 직접, 간접 출력
5   p = p + 1; // 어떤 의미일까?
6   printf("%d %d\n", data[1], *p);
```

2번 라인에서 포인터 변수 p를 선언하고 있고, 3번 라인에서는 배열의 이름 data가 배열의 맨 처음 방 주소이므로 이 주소를 p 변수에 보관함으로써 포인터 변수 p가 data[0] 방을 가리키게 된다.

이제 4번 라인에서 data[0]와 *p를 출력하면, 이것은 방 번호를 통한 직접 출력과 *p 즉, "p가 가리키는 것"이라는 간접연산자에 의한 출력에 의해 **1 1**로 똑같은 출력 결과를

나타냄을 볼 수가 있다.

여기서 5번 라인을 주목하자. p = p + 1; 즉, 포인터 변수 p에 1을 더한다는 것이 어떤 의미일까? 위 [그림 2-12]를 바탕으로 다시 이야기한다면, 현재 포인터 변수 p에는 100번지라는 주소가 보관되어 있을 터인데, 100번지에 1을 더하면 101번지가 되는 것일까? 정답은 "아니다."이다. 정답은 104번지가 된다. p = p + 1;과 같이 어떤 주소에 1을 더한다는 것은 단순히 정수 1이 더해진다는 뜻이 아니라, "현재 배열의 다음 방 주소"라는 뜻으로 해석해야 한다. 따라서 p = p +1;의 결과는 현재 포인터 변수 p가 data[0] 방을 가리키고 있으므로 data[0]의 다음 방인 data[1] 방의 주소인 104번지가 포인터 변수 p에 저장됨으로써 결과적으로 포인터 변수 p는 data[1] 방을 가리키게 되는 것이다.

만약에 int data[10];과 같은 정수형 배열을 대상으로 하는 것이 아니라, char text[10];과 같이 문자형 배열을 대상으로 하는 경우에는 p = p + 1;을 어떻게 생각해야 할까? 문자형은 1바이트 크기라 했으므로 현재 포인터 변수 p가 100번지를 저장하고 있어 text[0] 방을 가리키고 있다고 할 때, p = p + 1;은 역시 "현재 배열의 다음 방의 주소"로 해석하여 text[0] 방의 다음 방인 text[1] 방의 주소인 101번지가 포인터 변수 p에 저장됨으로써 역시 이때도 결과적으로 포인터 변수 p는 text[1]을 가리키게 되는 것이다.

이와 같이 어떤 주소에 1을 더한다는 것의 의미는 실제 주소와는 상관없이 어떤 자료형 배열에 대해서나 "현재 배열의 다음 방의 주소"라는 해석을 하면 된다. 사실 실제 주소가 얼마인가는 우리가 알 필요도 없기 때문에 아래와 같이,

> 주소에 1을 더한다는 것은?
>
> 배열의 다음 방 주소를 뜻한다.

라는 것을 꼭 기억해 두자.

이제 마지막으로 위 6번 라인에 대해 설명하면, 여기서도 4번 라인에서와 똑같이 배열의 방 번호를 통한 직접 출력과 *p 즉, "p가 가리키는 것"이라는 간접연산자에 의한 출력에 의해 둘 다 data[1] 방의 내용을 출력하게 되므로 2 2라는 출력 결과를 볼 수 있게 되는 것이다.

지금까지 p = p + 1;의 의미에 대하여 알아보았는데, 만약에 p = p + 2;라고 했다면 무슨 뜻이 될까? 당연히 "현재 배열의 다음, 다음 방의 주소"라는 뜻이 된다. 만약에 현재 포인터 변수 p가 정수형 배열의 맨 처음 방인 data[0] 방을 가리키고 있다면, p = p + 2;하면 포인터 변수 p는 이제 data[2] 방을 가리키게 되는 것이다.

똑같은 생각으로 p = p - 1;하면 "현재 배열의 이전 방의 주소"가 되는 것으로서 생각하면 된다. 예를 들어 현재 포인터 변수 p가 data[2] 방을 가리키고 있다면, p = p - 1;하면 포인터 변수 p는 이제 data[1] 방을 가리키게 되는 것이다.

그렇다면, p = p + i;라는 표현은 어떤 의미인가? 물론 i 변수의 값에 따라 틀리겠지만 현재 p가 가리키는 것에서부터 i만큼 떨어져 있는 배열 방을 가리킨다는 것을 나타내게 되는 것이다. 만약에 p = p + i;나 p = p - i;의 결과가 배열의 범위를 넘어가는 것을 가리키게 되면, 의미가 없고, 프로그램의 실행 결과도 엉뚱하게 나오게 되므로 그렇게 되지 않도록 신경 써야 하는 것은 프로그래머의 몫이다.

지금까지 주소에 어떤 정수값을 더하거나 빼는 경우들에 대해서 생각해 보았다. 이런 표현은 어떨 것 같은가? p = p * 2;나 p = p / 2;와 같은 표현 말이다. 결론적으로 말하자면 이런 표현은 사용할 수 없다. 앞에서도 살펴본 것처럼 주소에 1을 더한다는 것이 단순히 정수 1을 더하는 의미가 아니었던 것처럼, "주소는 정수가 아니기" 때문에, 주소에 곱하기나 나누기는 허용하지 않는다.

이 점이 중요하다! - "주소는 정수가 아니다!" 정수는 더하기(+), 빼기(-), 곱하기(*), 나누기(/) 등이 모두 가능하지만, 주소에 대해서는 더하기(+)와 빼기(-)만 의미가 있고 곱하기(*), 나누기(/) 등의 연산자를 사용하면 에러가 난다. 즉, 주소는 겉으로 보기에는 100번지, 200번지와 같이 정수 모습으로 사용하긴 하지만 정수와 다르다는 점을 기억해 두기로 하자.

아래 [그림 2-13]은 지금까지 설명한 p = p +1;과 같이 주소에 어떤 값을 더하는 것의 의미를 보여주는 그림으로서, 배열의 각 방을 방 번호로 접근하는 직접적 접근 방법과 주소를 통해 간접적으로 접근하는 방법을 보여주고 있다.

`int val[10];` 배열에 대해서,

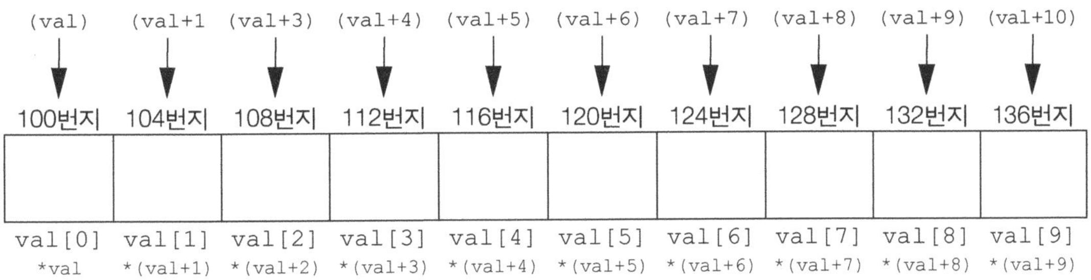

[그림 2-13] int val[10]배열의 각 방에 대한 직접, 간접 접근 방법

[그림 2-13]의 위쪽 val이나 (val+1)과 같은 표현은 주소 표현으로서 val 배열의 각 방을 가리키는 주소로 볼 수 있다. 한편 아래쪽 val[0]나 val[1]과 같은 표현은 배열의 각 방 번호를 이용한 직접 접근 방법을 보여주고 있고, 맨 아래 *val이나 *(val+1)과 같은 표현은 간접연산자를 이용하여 배열의 각 방을 간접적으로 접근하는 방법을 보여주고 있다.

이와 같이 어떤 배열이 주어졌을 때 우리는 배열의 방 번호를 이용하는 직접 접근 방법과 간접 연산자를 이용하는 간접 접근 방법 두 방법을 필요에 따라 적절히 활용할 수가 있는 것이다.

한편, 간접연산자를 활용하여 배열의 각 방을 간접적으로 접근할 때는 주의해야 할 사항이 하나 있다. [그림 2-13]에서도 나와 있는 것처럼 예를 들어 *(val+1)과 같이 val[1] 방을 간접연산자에 의해 표시할 때 *val+1과 같이 소괄호를 생략하면 안 된다는 것이다. 왜냐하면 간접연산자 *와 더하기연산자 + 사이에는 간접연산자의 우선순위가 더 높기 때문이다. *(val+1)은 "(val+1)이 가리키는 것"의 의미로 우리가 원하는 의미를 가지지만 *val+1은 "(val이 가리키는 것)+1"의 의미로 해석되므로 우리가 원하지 않는 전혀 엉뚱한 의미로 해석되게 된다. 흔히들 배열에 대해서 간접연산자를 사용할 때 실수를 많이 하는 것이므로 주의해야 한다.

지금까지 설명한 p = p + i;와 같이 주소에 어떤 수를 더하는 것의 의미라든가 *(val+1)과 같이 소괄호를 꼭 해야 한다는 것 등이 포인터 변수를 처음 접하는 사람들에게 그 문법의 사용법과 더불어 어려움을 느끼게 하는 요인인 것 같다. 꾸준한 연습을 통한 반복 학습 이 외에는 달리 해결책이 없으므로 반복하여 해당 부분을 읽고 예제 프로그램들을 살펴보면서 이해해 나가기를 바란다.

이제 아래 [프로그램 2-6]에서 배열의 각 방을 방 번호로 지칭하는 직접적인 방법과, 간접연산자를 활용하여 주소를 통해 배열의 각 방을 지칭하는 간접적인 방법, 두 가지 접근 방법을 비교하여 살펴보기로 하자.

[프로그램 2-6] 배열의 각 방을 직접적, 간접적으로 접근하는 예제(directin.c)

```
1    #include <stdio.h>
2    void main()
3    {
4      int data[10] = {1, 2, 3, 4, 5, 6, 7, 8, 9, 10}; // 정수형 배열
5      int i;
6      for(i=0; i<10; i++) // 배열 방 번호를 이용하여 각 방의 값을 출력
7        printf("%d ", data[i]);
8      printf("\n");
9
10     for(i=0; i<10; i++) // 간접연산자를 이용하여 각 방의 값을 출력
11       printf("%d ", *(data+i));
12     printf("\n");
13   }
```

결과화면

```
1 2 3 4 5 6 7 8 9 10
1 2 3 4 5 6 7 8 9 10
```

설명

프로그램을 차례대로 살펴보자. 4번 라인에서 10개의 방을 가지는 정수형 배열 data를 선언하고 초기값으로 1에서 10까지 주고 있다. 이제 6번~7번 라인까지가 for 반복문을

통해 배열의 각 방의 값을 방 번호 i를 통해 직접적으로 접근하여 출력하고 있다. 여기까지는 9장 배열에서 배운 그대로이므로 평범한 내용이다. 이제 10번~11번 라인에서 역시 for 반복문을 사용하여 data 배열 각 방의 값을 똑같이 출력하되, 간접연산자를 활용하여 *(data+i)라는 표현으로 간접적으로 접근하여 출력하고 있는 것을 볼 수가 있다.

그리고 11번 라인에서는 *(data+i)와 같이 위에서 설명하였던 소괄호를 사용하고 있음을 볼 수가 있다.

3.3.3 배열 이름과 포인터 변수의 차이

배열 이름은 "그 배열의 시작 주소이다."라고 앞에서 설명하였는데, 그렇다면 배열 이름은 포인터 변수와 비슷한 것일까? 그렇다. 배열 이름은 주소를 저장한다는 점에서 포인터 변수와 비슷하다고 말할 수 있다. 위 [그림 2-12]를 다시 참고하기 바란다.

그렇지만, 배열 이름은 포인터 변수와 다른 점도 가지고 있다. 포인터 변수는 그 자체가 변수이므로 p = p +1;과 같이 문장을 통하여 저장하는 값이 바뀔 수 있지만, 배열 이름은 "그 배열의 시작 주소"로 고정되어 있는 주소값이기 때문에, data = data +1; 과 같이 그 값을 변경할 수 없다는 점이 포인터 변수와 다른 점이라고 말할 수 있다. 만약에 data = data +1; 과 같이 배열 이름이 저장하고 있는 주소값을 변경하려고 시도하면 에러가 나게 되므로 주의해야 하겠다.

이제 위 [프로그램 2-6]과 아주 비슷하지만, 포인터 변수를 활용하는 아래 [프로그램 2-7]을 살펴보면서 배열 이름과 포인터 변수의 비슷한 점과 차이점을 느껴보도록 하자.

[프로그램 2-7] 포인터 변수를 활용, 간접적으로 배열에 접근하는 예제(indirect.c)

```
#include <stdio.h>
void main()
{
   int data[10] = {1, 2, 3, 4, 5, 6, 7, 8, 9, 10}; // 정수형 배열
   int i;
   int *p; // 포인터 변수
```

```
7        for(i=0; i<10; i++) // 배열 방 번호를 이용하여 각 방의 값을 출력
8          printf("%d ", data[i]);
9        printf("\n");
10
11       p = data; // p가 data[0] 방을 가리킴
12       for(i=0; i<10; i++) // 포인터를 이용하여 각 방의 값을 출력
13       {
14         printf("%d ", *p);
15         p = p + 1;
16       }
17       printf("\n");
18   }
```

◆ 결과화면

```
1 2 3 4 5 6 7 8 9 10
1 2 3 4 5 6 7 8 9 10
```

◆ 설명

프로그램을 실행 결과는 위 [프로그램 2-6]과 똑같다. 또 방 번호를 이용하여 배열의 각 방의 값을 출력하는 직접 접근 방법의 출력 부분인 7번~8번 라인도 똑같다. 다만, 6번 라인에서 정수형 포인터 변수 p를 선언하고 있고, 11번 라인에서 p = data; 함으로써 p가 data 배열의 맨 처음 방 주소를 저장함으로써 p가 이제 data[0] 방을 가리키게 된다. 아래 [그림 2-14]가 포인터 변수 p가 data[0] 방을 가리키고 있는 모습을 보여주고 있다.

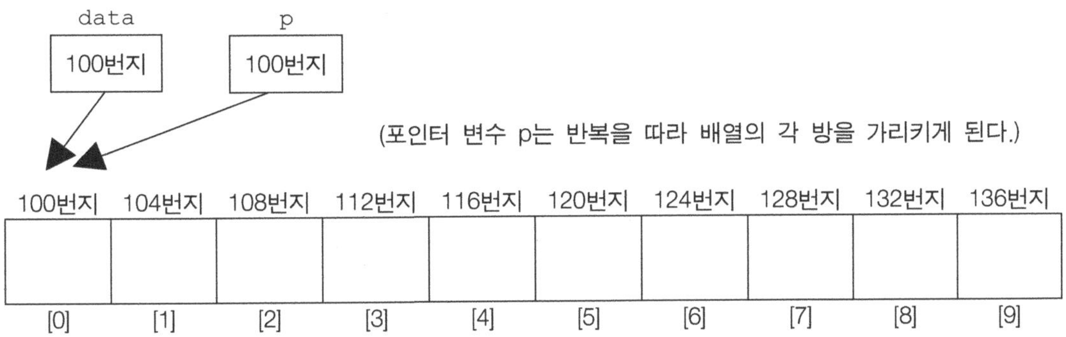

[그림 2-14] int data[10];이라는 배열과 포인터 변수 p의 모습

배열의 이름 data나 포인터 변수 p나 둘 다 data[0] 방의 주소인 100번지를 보관하고 있다는 점에서는 비슷한 면을 지니고 있음을 볼 수가 있다.

한편, 12번~16번 라인의 for 반복문을 통해 배열의 각 방의 값들을 간접연산자를 활용하여 출력하고 있음을 볼 수가 있다. p = p +1;의 의미는 위에서 설명하였으므로 프로그램의 실행 과정을 이해하는 데는 문제가 없을 것이다.

여기서 이렇게 생각해 보기로 하자. 만약에 위 프로그램에서 포인터 변수 p를 사용하지 않고, 12번~16번 라인 부분을 아래와 같이,

```
1   for(i=0; i<10; i++)
2   {
3     printf("%d ", *data);
4     data = data + 1;
5   }
```

프로그램을 작성할 수 있을까? 정답은 "안 된다."이다. 앞에서도 설명한바와 같이 배열의 이름은 그 배열의 시작 주소로 고정되어 있어야 하기 때문에 4번 라인에서처럼 그 값을 변경하려고 시도하면 에러가 나게 되는 것이다. 다시 한 번 강조하지만 배열 이름은 그 배열의 시작 주소로 고정되어 있어야 한다!

4 | 동적 할당

4.1 동적할당의 개념과 기본 문법

동적 할당(dynamic allocation)이란 프로그램에서 필요로 하는 저장 공간을 프로그램 실행 중에 확보할 수 있도록 해주는 기능이다. 이에 대해서 알아보기로 하자.

우리가 프로그램에서 아래와 같이 변수나 배열을 선언하게 되면,

```
1    int data;
2    double average;
3    char name[100][10];
```

이 때 필요한 주기억장치의 저장 공간은 이미 프로그램 실행 전에 즉, 소스 프로그램을 컴파일 할 때 필요한 저장 공간이 계산되어 할당되어진다고 이야기 할 수 있다. 이런 형태의 저장 공간 할당은 대부분의 경우 문제를 일으키지 않고, 또 프로그램 작성 시에 많이 사용하는 방법이긴 하지만, 어떤 경우에는 프로그램 작성에 애로 사항을 초래하기도 한다.

예를 들어 회원 관리 프로그램을 작성한다고 상상해 보자. 회원들의 이름을 저장해야 할 텐데, 과연 최대 몇 명까지의 회원 이름을 저장해야 할 것인 가를 프로그램을 작성하는 사람은 결정해야 할 것이다. 최대 100명의 회원 이름을 저장하겠다고 결심했다면 위 3번 라인처럼, char name[100][10];과 같이 회원 이름을 보관할 2차원 배열을 선언하고 [그림 2-15]와 같이 실제 회원 이름을 보관하는 용도로 2차원 배열을 이용할 것이다.

	[0]	[1]	[2]	[3]	[4]	[5]	[6]	[7]	[8]	[9]
[0]	'J'	'o'	'h'	'n'	'\0'					
[1]	'S'	'a'	'n'	'd'	'r'	'a'	'\0'			
[2]	'B'	'r'	'a'	'd'	'l'	'e'	'y'	'\0'		
...										
[98]	'S'	'i'	'm'	'o'	'n'	'\0'				
[99]	'G'	'a'	'r'	'f'	'u'	'k'	'e'	'l'	'\0'	

[그림 2-15] 회원 이름을 저장하기 위한 2차원 배열

이렇게 2차원 배열에 회원의 이름을 보관하는 방법을 사용하면 몇 가지 문제점들이 생기게 된다. 첫째, 이 프로그램을 실제 회원 관리 업무에 이용하다가 101번째 회원이 등록하고자 할 때 이 프로그램은 동작하지 못하는 문제가 생긴다. 즉, 최대 100명의 회원을 예상하고 char name[100][10];과 같이 이미 배열 선언을 프로그램 작성 시에 했기 때문에 프로그램이 실행되는 중에 어떻게 조치를 취할 도리가 없게 되는 것이다. 두 번째 문제는 각 회원의 이름을 보관하는 데서 발생한다. 우리나라 사람의 이름은 "홍길동"처럼 세 자리 이름이 대부분이지만 서양식 이름인 경우는 각 사람의 이름 길이가 제각각이다. 따라서 [그림 2-15]에 나타나지는 않았지만, 10개 문자만으로는 저장이 곤란한 굉장히 긴 이름을 가진 회원의 이름을 제대로 기억하지 못하는 문제가 생긴다. 그렇다면 char [1000][100];처럼 최대 1000명의 회원을 예상하고, 한 사람의 이름도 100개 문자를 사용하도록 아예 배열 선언을 하면 되지 않는가라고 생각할 수도 있겠는데, 물론 틀린 생각은 아니다. 반대로 생각해보자. [그림 2-15]의 맨 첫 줄의 "John"처럼 이름이 짧은 경우에는 "John"이라는 4글자를 저장하고 남은 기억공간은 그대로 낭비되게 되고, 또 회원이 20명밖에 등록하지 않게 되면 980명에 해당하는 기억 공간 역시 그대로 낭비되게 되는 문제가 여전히 있는 것이다. 예컨대 위의 경우처럼 사람의 이름을 기억하는 경우에는 어떻게 생각해도 잠재적인 문제점이 남게 되는 것이다.

이런 경우에 효율적으로 이용할 수 있는 수단이 기억 공간 동적 할당 기능이다. 아래를 먼저 보자.

```
1  char name[100];
2  int len;
3  char *p;
4  gets(name); // 이름을 받아들임, "kildong"이라 가정하자.
5  len = strlen(name); // 문자열의 길이를 알아냄
6  p = (char *)malloc(len+1); // 문자열 길이+1 byte 만큼 동적 할당
7  strcpy(p, name); // 이름 복사하여 보관함
```

주기억장치의 저장 공간을 동적으로 확보하는 전형적인 모습을 보여주고 있는데, 6번 라인의 malloc 시스템 함수가 주기억장치의 저장 공간을 동적으로 확보하는 명령이다. 저장 공간을 동적으로 할당하는 위 내용을 조금 더 자세히 살펴보자. 4번 라인에서 일단 이름 자체를 gets 명령어를 통하여 name[100] 배열에 입력받는다. 설명을 위하여 "kildong"이라는 이름이 입력되었다고 가정하자. 그리고 5번 라인에서 name 배열에 보관되어 있는 문자열, 즉 "kildong" 문자열의 길이(7이다.)를 strlen 함수를 통해 알아낸 다음, 6번 라인에서 malloc 함수를 이용하여 len+1 바이트(즉, 8바이트)를 동적으로 할당받게 되는데, 할당받은 바이트들의 첫 바이트 주소를 포인터 변수 p에 보관한다. len+1처럼 1바이트 더 할당받는 이유는 문자열의 끝을 나타내는 널문자('\0')의 저장 공간도 고려했기 때문이다. 한편, malloc 앞의 (char *)의 의미는 동적으로 할당받은 저장 공간에 문자들을 보관할 것이라는 의미이다. 달리 말하면, malloc 함수가 반환해주는 주소를 문자형 포인터 변수에 저장될 것이란 의미이다. 그래서 3번 라인의 포인터 변수 p도 char *p;로 선언한 것이다. 이제 마지막으로 7번 라인에서 strcpy 함수를 통해서 할당받은 저장 공간에 입력받은 이름 "kildong"을 보관하게 되는 것이다. strcpy 함수는 원본이 되는 문자열을 복사본이 보관될 문자열 저장 공간에 문자열을 복사하게 해주는 함수로서 첫 번째 인수가 복사될 위치이고, 두 번째 인수가 원본 문자열을 뜻하며 두 인수 모두 저장 공간의 첫 주소를 쓰게 된다. 위 strlen 함수와 strcpy 함수는 모두 문자열과 관련된 시스템 함수들로서 프로그램을 작성할 때는 프로그램 맨 위쪽에 #include <string.h>로 기술한 후 그냥 사용하면 된다.

아래 [그림 2-16]은 위의 동적으로 할당받은 저장 공간을 보여 주는 그림이다.

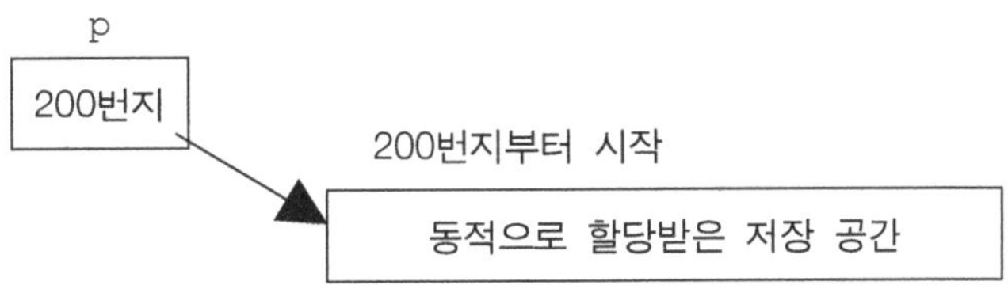

[그림 2-16] 동적으로 할당받은 저장 공간의 모습

위에서 살펴본 바와 같이 malloc 함수가 저장 공간을 프로그램 실행 중에 동적으로 할당받게 해주는 함수인데. 그 쓰임새는 다음과 같다.

```
p=(data_type *)malloc(b);

b : 할당받을 바이트 수
p : 할당받은 저장 공간의 시작주소 저장
data_type : 할당받은 저장 공간에 보관할 자료형
```

이렇게 동적으로 주기억장치 내의 저장 공간을 할당받아 사용하다가 더 이상 저장 공간이 필요 없게 되면, 아래와 같은 free 명령으로 저장 공간을 다시 반납하면 된다.

```
free(p);

p : 할당받은 저장 공간의 시작주소
```

이제 위에서 살펴본 malloc 함수와 free 함수를 이용하여 입력받은 이름을 저장하는 예제 [프로그램 2-8]을 살펴보자.

[프로그램 2-8] 동적 할당을 이용하여 이름을 저장하는 예제(dynamic1.c)

```
1  #include <stdio.h>
2  #include <string.h>
3  #include <stdlib.h>
4  void main()
5  {
6     char name[100]; // 이름 입력받을 장소
7     int len;
8     char *p;
9
10    printf("이름을 입력하세요 : ");
11    gets(name); // 이름 입력받음
12    len = strlen(name); // 이름 길이
13    p = (char *)malloc(len+1); // 동적 할당
14    strcpy(p, name); // 이름을 보관함
15
16    printf("%s\n", p);
17    free(p); // 동적 할당 저장 공간 반납, 생략 가능
18 }
```

결과화면

kildong이라고 입력하였다면,

```
이름을 입력하세요 : kildong
kildong
```

설명

프로그램 내용은 위에서 이미 설명한 것과 같다. 다만, 3번 라인을 보면, #include <stdlib.h>라는 것을 볼 수가 있는데, stdlib.h 포함 파일은 malloc이나 free 함수를 사용할

때 포함하여야 할 헤더파일인 것을 알아두자. 그리고 17번 라인을 보면, 이것이 동적으로 할당받은 저장 공간을 다시 반납하는 free 함수인데, 괄호 안에는 동적으로 할당받은 저장 공간의 시작 주소를 간직하고 있는 포인터 변수 p를 기술함으로써 동적 저장 공간을 반납하는 모습을 보여주고 있다. 그런데 이 free 함수가 사용된 위치를 보면 프로그램의 맨 끝이다. 즉, 프로그램이 종료되기 직전인데 이와 같은 경우에는 free 함수를 생략해도 무방하다. 왜냐하면 프로그램이 끝나면 동적으로 할당되었던 저장 공간은 자동으로 반납되기 때문이다. 여기서는 free 함수의 쓰임새를 보여주기 위하여 기술한 것이다.

4.2 포인터 배열과 동적 할당

이제 포인터 배열에 대해서 알아보기로 하자. 포인터 변수가 여러 개 필요할 때, 따로 포인터 변수를 일일이 선언하여 사용하기 보다는 포인터 배열을 선언하여 사용하면 편리한데 이에 대해서 살펴보기로 하자.

위 [프로그램 2-8]에서 한 명의 이름을 처리하는 경우를 살펴보았는데 만약에 회원 관리 프로그램과 같이 여러 사람의 이름을 입력받아 저장하여야 하는 경우를 생각해보자. 아래 [프로그램 2-9]와 같이 작성하면 될 것이다. 편의상 5명의 이름을 입력받는 것으로 한다.

[프로그램 2-9] 포인터배열을 이용하여 여러 이름을 저장하는 예제(dynamic2.c)

```
#include <stdio.h>
#include <string.h>
#include <stdlib.h>
void main()
{
   char name[100]; // 이름 입력받을 장소
   int len, i;
   char *p[5];
```

```
9
10      for(i=0; i<5; i++) // 5명에 대하여
11      {
12        printf("이름을 입력하세요 : ");
13        gets(name); // 이름 입력받음
14        len = strlen(name); // 이름 길이
15        p[i] = (char *)malloc(len+1); // 동적 할당
16        strcpy(p[i], name); // 이름을 보관함
17      }
18      for(i=0; i<5; i++)
19      {
20        printf("%s\n", p[i]);
21      }
22  }
```

결과화면

아래와 같이 이름을 입력했다면,

```
이름을 입력하세요 : John
이름을 입력하세요 : Sandra
이름을 입력하세요 : Bradley
이름을 입력하세요 : Simon
이름을 입력하세요 : Garfunkel
John
Sandra
Bradley
Simon
Garfunkel
```

설명

먼저 8번 라인을 보자. char *p[5];가 무슨 뜻인가? 변수선언을 하는데 * 기호가 있으

므로 이는 포인터 변수의 선언을 의미한다. 그리고 p[5]와 같이 선언하고 있으므로 배열임을 의미한다. 따라서 전체적으로 포인터 배열을 선언하고 있는 것이다. 그러니까 p 배열의 각 방은 주소를 보관하게 되는 것이다. 프로그램의 다른 부분들은 위 [프로그램 2-8]과 거의 같으므로 쉽게 이해할 수 있을 것이다. 다만, 15번 라인을 보면 malloc 함수를 통해 동적으로 저장 공간을 할당받고 난 후, 그 시작주소를 p[i] 방에 보관하고 있음을 볼 수가 있다. 이처럼 포인터도 배열로 선언하여 사용할 수가 있다.

아래 [그림 2-17]이 위 [프로그램 2-9]에 의해서 동적으로 저장 공간을 할당받아 사용하는 모습을 p 포인터 배열과 함께 그 모습을 보여주고 있다.

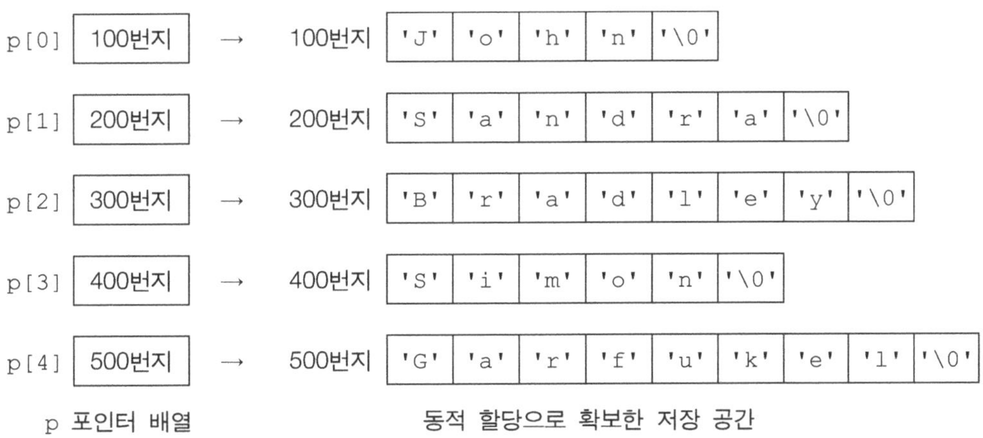

[그림 2-17] 포인터 배열과 동적 할당으로 확보한 저장 공간의 모습

위 [그림 2-17]에서 알 수 있는 바와 같이 동적으로 저장 공간을 확보하면 이름을 저장하기 위한 저장 공간이 낭비되는 일도 없고, 또 모자라는 일도 없게 되는 것이다.

위 예제 [프로그램 2-9]에는 위 전체 설명에 비추어 아직도 미진한 면이 남아 있다. 회원 관리 프로그램의 예를 통해 설명하자면, 이 프로그램은 최대 5명의 회원에 대해서만 그 이름을 저장할 수 있고, 여섯 번째 회원 이름을 등록하고자 하면 여전히 프로그램이 동작할 수 없게 되어 있는 것이다. 이것은 회원들의 이름 시작 주소를 간직하는 p 포인터 배열이 5개 방을 가지는 배열로 되어있고 또 5명만을 가정하여 for 반복문도 0에서 5까지 반복하도록 되어 있기 때문이다. 물론 위 예제 [프로그램 2-9]는 각 회원의 이름을 저장할 공간을 동적으로 확보하여 저장하면 그 이름을 저장하는데 있어 저장 공간이 남는 일도, 모자라는 일도 없다는 점을 보여주기 위한 예제이기 때문에 그렇게 작성한 것이긴 하지만, 앞의 문제점들을 해결하기 위해서는 프로그램의 구조를 좀 다르게 생각해야 할 것이다. 이에 대한 어느 정도의 해결책은 다음의 구조체 자기 참조 프로그램을 통해 해결할 수 있다.

4.3 구조체에서의 자기참조 포인터 사용

앞에서 구조체에 대하여 학습한 바 있다. 구조체란 여러 다양한 자료형의 변수들을 멤버(member)로 하여 이들을 모아 하나의 묶음으로 취급하는 자료 구조인데, 이제 이러한 멤버로서 포인터 변수가 사용된 경우를 살펴보기로 하자.

먼저 아래와 같은 구조체 정의를 살펴보자.

```
1  struct Node
2  {
3     char *name; // 이름을 가리킬 포인터
4     int bunho;  // 회원 번호
5     double wht; // 몸무게
6     struct Node *next; // 다음 node에 대한 포인터
7  };
```

위 구조체 정의는 Node라는 구조체 이름으로 구조체를 정의한 것인데, 4개의 필드를 지니고 있다. 그런데 6번 라인을 보면, * 기호가 있으므로 이는 포인터 변수를 선언한 것인데, 이 포인터 변수가 가리킬 곳이 Node 즉, 자기 자신과 닮은 자료란 의미이다. 복습 삼아 설명하자면, 3번 라인의 char *name;의 변수 선언도 포인터 변수 선언이고, name 포인터 변수가 장차 "char 즉, 문자가 저장된 곳을 가리킬 것이다."라는 의미인 것을 감안하면 6번 라인도 똑같이 해석할 수 있을 것이다. 그러면, 자기 자신과 닮은 자료를 가

리킨다는 것이 무엇을 의미하는 것일까? 아래 [그림 2-18]이 이런 내용을 보여주고 있다.

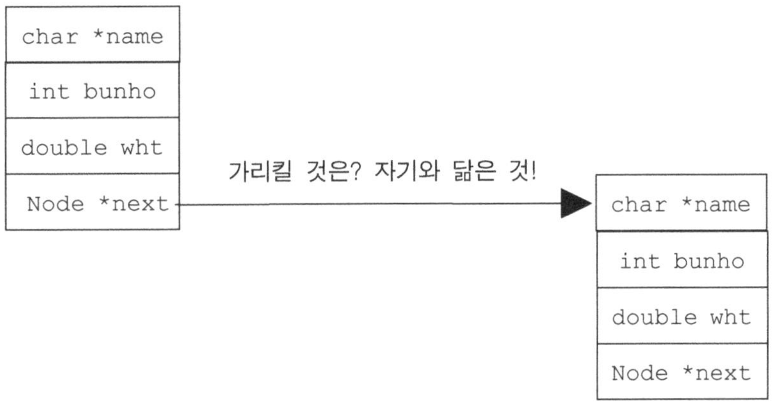

[그림 2-18] 자기 참조 포인터의 의미

그러니까 next 포인터 변수는 구조체 Node의 모습을 하고 있는 자료를 가리킬 것이라는 의미인 것이다. 이와 같이 자기 자신과 닮은 자료를 가리킬 포인터를 자기참조(self-reference) 포인터라고 한다. 자기참조 포인터를 포함하는 구조체 정의는 동적할당 기능과 같이 사용하면 앞으로 배울 다양한 자료구조의 구현에 편리하게 활용할 수가 있다. 이에 대해서는 나중에 살펴보도록 하자.

5 | 재귀 함수(Recursive Function)

이제 재귀 함수(recursive function)라는 것에 대해서 알아보자. 재귀 함수란 main 함수가 어떤 함수를 호출했을 때 그 함수가 다시 자기 자신을 반복하여 호출하는 형태의 함수를 말한다.

얼핏 생각하면 그런 형태가 있을 수 있을까하고 의아할 수도 있겠는데, 무엇인가 똑같은 일을 반복적으로 행함으로써 최종 결과를 얻을 수 있는 경우에 유용하게 재귀 함수를 활용할 수 있다. 몇 가지 예제를 통하여 재귀 함수에 대해서 알아보기로 하자.

5.1 팩토리얼(factorial) 값 구하기 예제

팩토리얼이라는 것은 예를 들어 5!와 같이 표현하면, 이는 5! = 5 x 4 x 3 x 2 x 1을 의미하는 수로서 재귀 함수를 공부할 때 자주 등장하는 예이다. 왜냐하면 5!과 같은 팩토리얼 값을 구할 때 재귀 함수를 사용하면 아주 편리하기 때문이다.

5!은 5 x 4!로 쪼개어 생각할 수 있다. 따라서 4!만 구하면, 그 결과에 5만 곱하면 최종 결과를 얻을 수 있는 것이다. 다시 4!은 4 x 3!이므로 3!만 구하면 그 결과에 4를 곱하면 된다.

이와 같이 똑같은 작업을 반복 수행하면서 문제의 규모를 한 단계씩 줄여나가는 방법으로 문제 해결 과정을 거쳐 최종적으로 결과를 얻을 수 있는 형태의 문제에서 재귀 함수를 사용하면 편리하다. 이제 팩토리얼 값을 구하는 아래 예제 [프로그램 2-10]를 보자.

[프로그램 2-10] 팩토리얼 값을 구하는 예제(factorial.c)

```
#include <stdio.h>
int factorial(int); // 함수 원형화 선언
void main()
{
  int a=3, result;

  result = factorial(a); // 함수 호출
  printf("%d! = %d\n", a, result);
}

int factorial(int v)
```

```
12    {
13        if(v == 1)
14            return 1;
15        else
16            return (v * factorial(v-1));
17    }
```

결과화면

```
3! = 6
```

설명

프로그램은 main 함수와 factorial 함수 두 개 함수로 이루어져 있는데, factorial 함수를 보면 위에서 설명한 팩토리얼 값 구하는 방법 그대로를 프로그램으로 표현하고 있음을 볼 수가 있다. 자세히 이해하기 위하여 프로그램을 차례대로 보기로 하자. 7번 라인에서 3!을 구하기 위하여 factorial 함수를 호출하고 있다. 이제 11번 라인으로 프로그램 제어가 넘어 오면, 인수로 넘어온 값 즉, v가 1인지 if 조건문으로 검사하고 있다 만약에 1이라면 1! = 1이므로 그냥 1을 반환값으로 반환하게 되는 것이다. 만약에 v 변수값이 1이 아니라면, else 부분을 보면 알 수 있는 것처럼 v * (v-1)!을 리턴해 주면 되는 것이다. 그런데 (v-1)!을 구하기 위해 다시 factorial 함수를 호출하고 있는 것이다. 즉, factorial 함수 내에서 자기 자신을 다시 호출하는 형태를 보이고 있는 것이다. 이것이 재귀 함수의 모습이다.

이제 3!을 구하는 과정을 [그림 2-19]를 통해 이해하도록 하자.

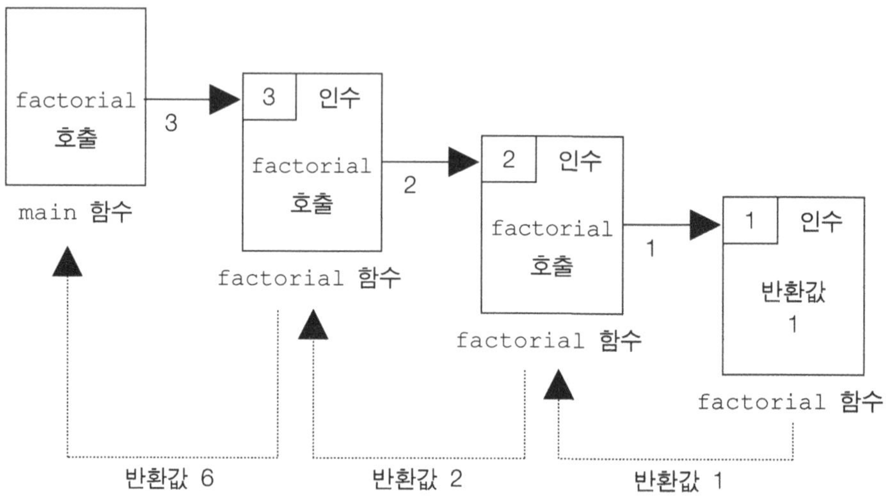

[그림 2-19] 재귀 함수가 동작하는 모습

◆ 설명

3!를 구하기 위해 factorial(3)을 호출하고, 다시 factorial(2)를 호출하고, 또 다시 factorial(1)을 호출하게 되고, 이제 반환값 1,2,6을 차례로 반환하는 과정을 보여주고 있다.

5.2 하노이 탑 문제 풀기 예제

재귀 함수를 사용하여 프로그램을 작성하면 좋은 점은 문제 해결을 위해 우리가 생각했던 과정 자체를 그대로 프로그램으로 옮길 수 있는 장점이 있다는 것이다. 이러한 과정을 느껴보기 위해서 재귀 함수를 다룰 때 자주 등장하는 또 하나의 문제인 "하노이 탑" 문제를 재귀 함수로 작성해 보자.

하노이 탑 문제란 다음과 같다. [그림 2-20]과 같이 기둥이 3개(편의상 A, B, C 기둥이라고 부르자)가 있고, A 기둥에 금으로 된 64개의 원반이 쌓여 있는데 아래쪽으로 갈수록 큰 원반이, 위로 갈수록 작은 원반이 차례대로 쌓여 있는 것이다. 이제 중간 기둥 B를 보조 기둥으로 이용하여 C 기둥으로 이 원반들을 모두 옮기는데, 옮기는 과정에 큰 원반이 작은 원반 위에 오면 안 된다. 이 조건을 지키면서 A 기둥의 원반 모두를 C 기둥으로 옮기는 과정을 구하는 것이 문제이다. 편의상, 제일 작은 원반을 1번으로 하고 아래로 가면서 2번, 3번으로 원반의 번호를 붙이기로 하자.

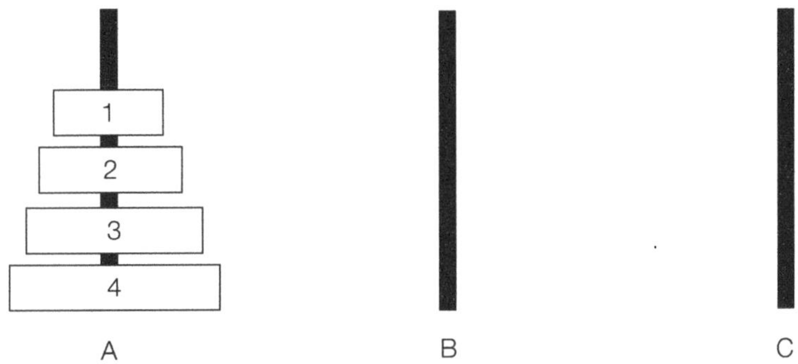

[그림 2-20] 하노이 탑의 모습

얼핏 생각하면 어려울 것 같다. 그렇지만 우리의 생각 자체도 재귀적으로 한 번 해보자. 한꺼번에 64개의 원반을 생각하지 말고, 아래와 같이 순차적으로 원반의 개수를 늘리면서 생각해 보자.

① 만약에 1개의 원반만 A에 있었다면,

㉠ 1번을 A에서 C로 바로 옮기면 된다.(1:A → C)

※ 앞으로의 설명을 위해 지금 경우처럼 옮길 원반이 있는 기둥(여기서는 A)을 출발기둥(source), 원반이 옮겨가야할 기둥(여기서는 C)을 목적기둥(target), 나머지 기둥(여기서는 B)을 보조기둥(aux)으로 부르기로 하자.

② 만약에 2개의 원반이 A에 있었다면,

㉠ 1번을 A에서 B로 옮긴다.(1:A->B)

㉡ 2번을 A에서 C로 옮긴다.(2:A->C)

㉢ 1번을 B에서 C로 옮긴다.(1:B->C)

③ 만약에 3개의 원반이 A에 있었다면,

※ (1번, 2번)과 (3번)을 분리해서 바라본다. 즉, (1번, 2번)을 한 개의 원반인 것처럼 생각하는 것이다. 그러면 ②번 과정과 똑같이 생각할 수 있을 것이다.

㉠ (1번, 2번)을 A에서 B로 옮기기(C를 보조기둥으로 생각한다.)

ⓐ 1번을 A에서 C로 옮긴다.(1:A->C)

ⓑ 2번을 A에서 B로 옮긴다.(2:A->B)

ⓒ 1번을 C에서 B로 옮긴다.(1:C->B)

㉡ 3번을 A에서 C로 옮긴다.(3:A->C)

㉢ (1번, 2번)을 B에서 C로 옮기기(A를 보조기둥으로 생각한다.)

ⓐ 1번을 B에서 A로 옮긴다.(1:B->A)

ⓑ 2번을 B에서 C로 옮긴다.(2:B->C)

ⓒ 1번을 A에서 C로 옮긴다.(1:A->C)

위 과정을 따라가 보면 벌써 뭔가 재귀적 느낌이 들지 않는가? ①의 경우를 다시 생각해보자. ① 작업은 1번 원반을 출발기둥에서 목적기둥으로 원반을 옮기기만 하면 되는 것이다. A가 출발기둥(source)이고, C가 목적기둥(target), B가 보조기둥(aux)이다.

이제 ②의 경우를 분석해보자. 1번 원반을 보조 기둥으로 옮기는 과정과 2번 원반을 목적 기둥으로 옮기는 과정, 그리고 다시 1번 원반을 목적 기둥으로 옮기는 3 단계의 ①과 같은 작업으로 분해하여 생각할 수 있다. 이 3 단계의 작업을 각각 진행할 때, 각 단계마다 출발 기둥, 목적 기둥, 보조 기둥은 달라지는데 각 단계에서 이 세 기둥이 어느 것인지만 잘 파악하면 문제는 쉽게 풀릴 수 있다. ㉠ 단계에서는 A가 출발 기둥, B가 목적 기둥, C가 보조 기둥이다. ㉡ 단계에서는 A가 출발 기둥, C가 목적 기둥, B가 보조 기둥이다. ㉢ 단계에서는 B가 출발 기둥, C가 목적 기둥, A가 보조 기둥이다.

이제 ③의 경우를 쪼개어 생각해보자. 설명했던 것처럼 3개 원반을 (1번, 2번), 3번의 2개 원반으로 생각하면 ② 과정과 똑같이 생각할 수 있는 것이다. 그리고 (1번, 2번)을 옮기는 것을 생각할 때는 다시 ① 과정으로 생각하면 되고…

위 과정을 일반화하여 이야기하면 이렇게 될 것이다. n개의 원반이 출발 기둥에 있고, 이를 보조 기둥을 활용하여 목적 기둥으로 옮겨야 한다면, 위쪽의 (n-1)개 원반을 한 묶음으로 생각하고, 맨 아래 원반과 함께 2개 원반이 있는 문제로 생각하면, ① (n-1)개 원반을 보조 기둥으로 옮기고, ② 맨 아래 원반을 목적 기둥으로 옮긴 후, ③ 다시 (n-1) 원반을 목적 기둥으로 옮기면 된다. 그러면 제일 아래 원반은 원래의 목적 기둥으로 옮겨

졌으므로 (n-1) 원반을 두 번 옮기는 문제로 문제 자체가 축소된다. 위 각 단계에 대해서 각각 출발 기둥, 목적 기둥, 보조 기둥이 어느 것인지를 잘 생각하는 것이 중요하다. 이런 과정으로 계속 생각하면, 문제는 (n-1), (n-2), (n-3), …, 1개 원반을 옮기는 문제로 자꾸 축소시켜 나갈 수 있는 것이다.

아래 [프로그램 2-11]은 위의 일반화된 경우, 즉 n개의 원반을 옮기는 문제 해결 방법을 그대로 프로그램으로 옮겨놓은 하노이 탑 문제를 해결하는 프로그램이다. 살펴보기 바란다.

[프로그램 2-11] 하노이 탑 예제(hanoi.c)

```
#include <stdio.h>
void hanoi(int, char, char, char); // 함수 원형화 선언
void main()
{
   int num_disk = 3; // 옮길 원반의 개수
   hanoi(num_disk, 'A', 'B', 'C'); // 함수 호출
}

void hanoi(int num, char source, char aux, char target)
{
   if(num == 1) // 원반이 하나이면,
      printf("%d:%c->%c\n", num, source, target);
   else // 원반이 하나 이상이면,
   {
      hanoi(num-1, source, target, aux); // (n-1)개를 보조 기둥으로 옮긴다.
      printf("%d:%c->%c\n", num, source, target); // 맨 아래 원반 옮긴다.
      hanoi(num-1, aux, source, target); // (n-1)개를 목적 기둥으로 옮긴다.
   }
}
```

결과화면

```
1:A->C
2:A->B
1:C->B
3:A->C
1:B->A
2:B->C
1:A->C
```

설명

프로그램의 구성이 위에서 설명한 순서와 거의 똑같음을 확인할 수 있다. 15번 라인이 (n-1)개 원반을 출발 기둥에서 보조 기둥으로 옮기는 과정을, 17번 라인이 (n-1)개 원반을 다시 보조 기둥에서 목적 기둥으로 옮기는 과정을 보여주고 있는 것이다.

5번 라인의 변수 num_disk는 옮겨야 할 원반의 개수를 지정하는 변수인데 여기서는 편의상 3으로 하였지만, 64개 원반을 옮기는 경우를 보고 싶을 때는 3을 64로 수정하면 된다. (※Microsoft Visual Studio의 출력 화면에서는 출력이 굉장히 많은 경우 앞부분 출력이 생략되어 나타나므로 위 프로그램의 시험은 num_disk=8까지만 해보기를 권장한다.)

이처럼 재귀 함수를 이용하면 프로그램 자체를 보았을 때는 얼른 이해하기 어려운 면도 있으나. 프로그램을 작성할 때는 생각 자체를 그대로 프로그램으로 옮길 수 있는 편리한 점도 있다.

연습문제

Data Structure Exercises

1. 다음 각 배열 선언에서 틀린 점은 각각 무엇인가?
   ① int data(30);　② double cover[];　③ char hand[30]

2. 다음 각 배열 선언과 초기값을 준 형태에서 틀린 점은 각각 무엇인가?
   ① int data[3] = (1, 2, 3);　② int data[3] = {1, 2, 3, 4};

3. 다음 배열 선언과 초기값을 준 형태에서 에러는 아니라도 잠재적 문제점은 무엇인가?
   ① int data[3] = {3.7, 6.2, 4.5};

4. (프로그램) 10개 방을 가지는 정수형 배열 int data[10]를 선언하고, for 반복문을 이용하여 정수 10개를 입력받아 data 배열에 저장한 후, 다시 for 반복문을 이용하여 data 배열에 저장된 값을 [0]번 방부터 [9]번 방 방향으로 차례대로 출력하는 프로그램을 작성하시오.

5. (프로그램) 위 4번 문제와 똑같이 하되, 출력할 때 [9]번 방부터 [0]번 방 방향으로 반대 방향으로 출력하는 프로그램을 작성하시오.

6. (프로그램) 위 4번 문제와 똑같이 하되, if 문을 이용하여 [0]번 방부터 [9]번 방에 저장된 값 중 짝수만 출력하는 프로그램을 작성하시오.

7. (프로그램) 10개 방을 가지는 문자형 배열 char text[10]을 선언한 후, for 반복문을 이용하여 10개 문자를 입력받아 배열 각 방에 저장한 후, 소문자의 개수, 대문자의 개수를 헤아려 출력하는 프로그램을 작성하시오. 소문자인지 대문자인지를 판단하기 위해서는 if 조건문을 사용하도록 한다. 예를 들어 어떤 문자를 저장하고 있는 문자형 변수 x가 소문자인가를 판

단하는 if 조건문은 if(x 〉= 'a' && x 〈= 'z')로 표현할 수 있다.

8. 다음의 구조체 정의에서 틀린 점은 무엇인가?

```
struct Student
{
   int hakbun;
   char name[20];
   int kor;
   int eng;
   int mat;
   double average;
}
```

9. 아래와 같은 구조체 정의에 대해서 다음 각 경우의 틀린 점은 무엇인지 간단히 설명하라.

```
struct Employee
{
   int num;
   char name[20];
   int age;
   double salary;
};
```

① Employee.age = 23;

② Employee kim;
kim.name = "김총명";

③ Employee kim;
kim = { 10, "김총명", 23, 2700.34 };

10. 축구 선수에 대한 정보를 보관하는 구조체를 정의하여라. 보관할 멤버들은, 이름, 포지션, 팀, 키, 나이이다.

11. 피자에 대한 정보를 보관하는 구조체를 정의하여라. 보관할 멤버들은 피자이름, 피자의 지름, 가격이다.

12. 다음 각 경우의 프로그램 부분에서 틀린 점은 각각 무엇인가?

①
```
int a = 3;
double *p;
p = &a;
```

②
```
int b = 5;
int *p;
p = b;
```

③
```
char *p;
p = 'A';
```

13. 포인터를 이해하는데 사실 실제 주소는 알 필요가 없다. 예를 들어 int sum[10]; 배열 선언에서 sum[0]의 시작주소가 100번지이든, 1500번지이든 그 자체는 의미가 없다. 그렇지만 프로그램을 통해서 실제 주소를 출력해 볼 수도 있다. 아래 프로그램을 입력하여 실행하여 각 변수의 실제 주소를 확인해 보자. 그리고 int형 배열에서는 각 방마다 주소 4의 차이가, char형 배열에서는 각 방마다 주소 1씩 차이가, double형 배열에서는 각 방마다 주소 8의 차이가 남도 확인해 보자.

```
#include <stdio.h>
void main()
{
    int a = 3, b = 5;
    int sum[5] = { 1, 2, 3, 4, 5 };
    char text[5] = { 'a', 'b', 'c', 'd', '\0'};
    double silsu[5] = { 1.1, 2.2, 3.3, 4.4, 5.5 };
    printf("a 변수의 값은 %d입니다.\n", a);
    printf("a 변수의 주소는 %u입니다.\n", &a);
    printf("b 변수의 값은 %d입니다.\n", b);
    printf("b 변수의 주소는 %u입니다.\n", &b);
    printf("sum[0] 방의 시작 주소는 %u입니다.\n", &sum[0]);
    printf("sum[1] 방의 시작 주소는 %u입니다.\n", &sum[1]);
```

```
printf("text[0] 방의 시작 주소는 %u입니다.\n", &text[0]);
printf("text[1] 방의 시작 주소는 %u입니다.\n", &text[1]);
printf("silsu[0] 방의 시작 주소는 %u입니다.\n", &silsu[0]);
printf("silsu[1] 방의 시작 주소는 %u입니다.\n", &silsu[1]);
```

(* 참고 : 위 프로그램에서 %u 변환기호는 "부호 없는 10진 정수" 출력을 할 때 사용하는 변환 기호이다. 주소는 0번지부터 시작하기 때문에 부호를 생각할 필요가 없으므로 주소를 출력할 때 %u 변환 기호를 사용한 것이다.)

14. 다음의 프로그램 부분에서 틀린 점은 무엇인가?

```
int data[10] = {1, 2, 3, 4, 5, 6, 7, 8, 9, 10};
int *p;
p = p + 1;
printf("%d", *p);
data = data + 1;
printf("%d", *data);
```

15. 다음의 프로그램 부분에서 에러가 나지 않더라도 문제점은 무엇인가?

```
int data[10] = {1, 3, 5, 7, 9, 11, 13, 15, 17, 19};
int *p = data;
printf("%d", *p+3);
```

16. 다음의 프로그램 부분에서 에러가 나지 않더라도 문제점은 무엇인가?

```
int data[10] = {1, 3, 5, 7, 9, 11, 13, 15, 17, 19};
int *p;
p = data;
p = p + 10;
printf("%d", *p);
```

17. 프로그램 작성 시 메모리 동적 할당을 사용해야 하는 필요성을 간단히 설명해 보아라.

18. 아래 프로그램 부분은 메모리 동적 할당을 받는 전형적인 모습을 보여주고 있다.

```
1 char name[100];
2 int len;
3 char *p;
4 gets(name); // 이름을 받아들임, "kildong"이라 가정하자.
5 len = strlen(name); // 문자열의 길이를 알아냄
6 p = (char *)malloc(len+1); // 문자열 길이+1 byte 만큼 동적 할당
7 strcpy(p, name); // 이름 복사하여 보관함
```

6번 라인에서 (char *)가 의미하는 바가 무엇인지 간단히 설명하라.

19. 동적으로 할당받은 메모리를 다시 시스템에 반납하는 명령은 무엇인가?

20. 구조체 정의를 할 때 자기참조 포인터가 무엇인지 간단히 설명하라.

CHAPTER

03

컴퓨터에서의 기본 자료형

컴퓨터는 모든 자료들을 0과 1의 조합으로 표현한다. 숫자, 문자, 컬러 등 모든 자료들을 이와 같이 2진수의 조합으로 표현하게 되는데, 이번 장에서는 컴퓨터가 직접 다루는 이러한 기본 자료들을 정리하고 살펴보기로 한다.

1 | 기본 자료 단위들

1.1 비트(bit)

0 혹은 1 두 가지 정보를 선택적으로 나타내는 단위를 비트라고 한다. 그러니까 1비트로는 두 가지 정보를 구별하여 나타낼 수 있는 것이다. 컬러를 표현하는 경우라면, 0은 흰색, 1은 검정색을 나타내는 것으로 약속할 수 있는 것이다. 만약 2비트를 단위로 컬러를 나타낸다고 한다면, 00 : 흰색, 01 : 옅은 회색, 10 : 짙은 회색, 11 : 검정색을 나타내는 것으로 약속할 수 있을 것이다. 이와 같이 나타내고자 하는 비트의 수가 많아질수록 구별하여 나타낼 수 있는 정보의 수는 더 많아지게 된다. 일반적으로 n비트를 한 단위로 하면 2^n개의 정보를 구분하여 나타낼 수 있게 된다. 예를 들어 8비트를 한 단위로 하게 되면 2^8 = 256가지 정보를 구별하여 나타내게 되는 것이다.

1.2 바이트(byte)

8비트를 모아 1바이트라고 부른다. 위에서 설명한 바와 같이 1바이트는 256가지 정보를 구별하여 표현할 수 있는 단위이다.

1.3 니블(nibble)

4비트를 한 단위로 부를 때 니블이라고 한다.

2 | 수치 자료의 표현 방법

컴퓨터가 기본적으로 다루는 수치 자료는 정수(integer), 실수(real number 혹은 floating-point number)가 있다.

2.1 정수 표현 방법

정수를 표현하는 방법은 크게 3가지가 있는데 부호와 절대값, 1의 보수, 2의 보수 방법인데, 실제 컴퓨터가 채택하고 있는 정수 표현 방법은 2의 보수 방법이다.

한편, 하나의 정수를 표현하기 위해 보통 4바이트(int형) 혹은 8바이트(long형)를 사용하게 되는데, 4바이트를 사용하게 되면 -2^{31}(-2,147,483,648) ~ $+(2^{31}-1)$(+2,147,483,647) 범위의 정수를 사용할 수 있게 되고, 8바이트를 사용하는 경우는 -2^{63} ~ $+(2^{63}-1)$ 범위의 정수를 사용할 수 있게 된다.

2.1.1 부호와 절대값 표현 방법

나타내고자 하는 비트의 맨 왼쪽 1비트는 부호(양수:0, 음수:1)를 나타내는데 사용하고 나머지들은 나타내려는 정수의 절대값을 2진수로 표현하는 방법이다.(편의상 8비트만으로 설명한다.)

+5

0	0	0	0	0	1	0	1

부호

-5

1	0	0	0	0	1	0	1

부호

0을 표현하는 형태가 2가지 나타나기 때문에 컴퓨터에서는 사용하지 않는다.

2.1.2 1의 보수 표현 방법

양수를 표현하는 방법은 부호와 절대값 방법과 똑같다. 음수는 해당 양수 표현에서 1은 0으로, 1은 0으로 바꾼 표현을 사용한다.

+5

0	0	0	0	0	1	0	1

부호

-5

1	1	1	1	1	0	1	0

부호

역시 0을 표현하는 형태가 2가지 나타나기 때문에 컴퓨터에서는 사용하지 않는다.

2.1.3 2의 보수 표현 방법

양수를 표현하는 방법은 부호와 절대값 방법과 똑같다. 음수는 1의 보수 표현 방법에 +1 한 형태로 표현한다.

+5

0	0	0	0	0	1	0	1

부호

-5

1	1	1	1	1	0	1	1

부호

0을 표현하는 형태가 1가지이기 때문에 컴퓨터에서 채택하는 형태이다.

2.2 실수의 표현 방법

실수는 4바이트를 이용하여 표현하는 단정도 표현(single precision)과 8바이트를 이용하여 표현하는 배정도 표현(double precision)으로 나눌 수 있다. 그 형식은 아래와 같다.

단정도 표현 방법(32비트 사용)

1비트	〈------8비트------〉	〈----------23비트----------〉
31	30 23	22 0
부호	지수부	가수부

배정도 표현 방법(64비트 사용)

1비트	〈-------11비트-------〉	〈-----------------52비트-----------------〉
63	62 52	51 0
부호	지수부	가수부

단정도 표현이나 배정도 표현은 각 부분(지수부와 가수부)을 표현하는 비트수만 차이가 나고, 나타내는 방법은 같다. 예를 들어 실수의 표현 방법을 알아보자.

① 실수 37.6875는 2진수로 바꾸면, 100101.1011이다.

② 이것은 소수점 왼쪽이 1이 되도록 1.001011011 x 2^5 으로 나타낼 수 있다. 이를 정규화라고 한다.

③ 실수의 부호는 양수(0), 음수(1)에 따라 0이다.

④ 지수부는 5인데, 단정도에서는 지수부에 127+5 = 132(10000100)를, 배정도에서는 1023+5 = 1028(10000000100)을 표현한다. 이는 지수부를 음수, 양수를 효과적으로 표현하기 위한 방법이며, 127이나 1023을 바이어스(bias)라고 한다.

⑤ 가수부는 소수점 이하 부분인 001011011을 나타내는 부분으로서 단정도, 배정도 표현의 가수 비트 수만큼 표현하면 된다. 이를 단정도, 배정도로 각각 표현하면 아래와 같다.

0	10000100	00101101100000000000000

0	10000000100	0010110110000000000000000000000000000000000000000000

2.3 문자의 표현 방법

문자를 표현하는 방법은 대표적으로 ASCII(American Standard Code for Information Interchange) 표현 방법이 있는데, 이는 영문 알파벳 및 기호문자들을 1바이트에 표현하는 방법이다.

한편, 유니코드(Unicode)는 세계 여러 나라의 문자를 모두 표현하기 위하여 문자 1개를 표현하기 위하여 2바이트를 사용한다.

2.4 문자열

문자열은 문자 여러 개가 모여 있는 것을 말하는데, 예를 들어 "KOREA"라는 문자열은 컴퓨터 내부에 보관될 때, 문자열의 각 문자들을 보관한 후 그 끝을 나타내기 위하여 널문자('\0')를 맨 마지막에 보관하는 형태로 표현한다. 즉,

'K'	'O'	'R'	'E'	'A'	'\0'

와 같이 보관되게 된다.

연습문제

Data Structure Exercises

1. 2bytes로 표현할 수 있는 정보의 개수는 몇 개인가?

2. +13, -13을 ① 부호와 절대값, ② 1의 보수, ③ 2의 보수 방법으로 각각 표현해 보아라.

3. 10진수 실수 67.75를 단정도 표현으로 나타내 보아라.

CHAPTER

04

선형 자료구조 - 리스트(List)

1 | 리스트의 기본 개념

프로그램에서 취급해야할 자료들을 일렬로 나열하는 형태로 보관, 처리하는 경우가 많이 생긴다. 이와 같이 자료를 일렬로 나열하는 형태로 표현, 보관하는 것을 리스트라고 한다. 예를 들어 "내가 좋아하는 음식들 이름", "A반 학생들 이름" 등을 표현하고자 할 때 이런 항목들을 나열하는 것을 예로 들 수 있겠다.

1.1 리스트의 표현법

리스트는 일반적으로,

좋아하는 음식 = (피자, 치킨, 파스타, ...)
동창 = (홍길동, 신소라, 최씩씩, ...)

등과 같이 표현한다.

1.2 선형 리스트(Linear List) 혹은 순서 리스트(Ordered List)

위와 같이 일렬로 나열한 자료들에 순서를 고려할 수 있을 때, 이를 선형 리스트 혹은 순서 리스트라 부른다. 대부분의 경우, 자료들의 순서를 고려할 수 있는 경우가 많다.

1.3 순서 리스트를 프로그램에서 구현하는 방법

순서 리스트를 프로그램에서 구현하는 방법은 ① 배열을 이용하는 방법(순차 리스트, Sequential List)와 ② 구조체와 동적할당을 이용하는 연결 리스트(Linked List) 2가지 구현 방법을 생각할 수 있다.

1.3.1 배열을 이용하는 순차 리스트

순차 리스트는 자료의 논리적 순서와 컴퓨터 기억장치에 보관되는 물리적 순서가 일치하는 형태를 말하며, 배열을 이용하여 자료들을 보관한 경우가 이에 해당된다.

[예] num = (1, 3, 5, 7, 9, 11, 13, 15, 17, 19) 순서 리스트를 배열에 보관하는 프로그램은 아래와 같은데, 자료의 논리적 순서(1 다음에 3, 3 다음에 5 등등)가 실제 배열에 보관했을 때 주기억장치에서의 물리적 자료 위치도 자료의 논리적 순서와 일치함을 아래 [프로그램 4-1]에서 확인할 수 있다.

[프로그램 4-1] 배열을 이용하는 순차 리스트 예제(sequential.c)

```
#include <stdio.h>
void main()
{
   int num[10] = { 1, 3, 5, 7, 9, 11, 13, 15, 17, 19 };
   int i;

   for(i=0; i<10; i++)
   printf("%2 이(가) 보관된 배열 주소는 %d이다.\n", num[i], &num[i]);
}
```

◆ 결과화면

```
 1 이(가) 보관된 배열 주소는 63566920이다.
 3 이(가) 보관된 배열 주소는 63566960이다.
 5 이(가) 보관된 배열 주소는 63567000이다.
 7 이(가) 보관된 배열 주소는 63567040이다.
 9 이(가) 보관된 배열 주소는 63567080이다.
11 이(가) 보관된 배열 주소는 63567120이다.
13 이(가) 보관된 배열 주소는 63567160이다.
15 이(가) 보관된 배열 주소는 63567200이다.
17 이(가) 보관된 배열 주소는 63567240이다.
19 이(가) 보관된 배열 주소는 63567280이다.
```

◆ 설명

프로그램이 취급하고 있는 자료들의 순서는 1, 3, 5, ...의 순서(이를 논리적 순서라고 부른다.)이다. 그런데 이 순차 자료들을 배열에 보관한 후, 이들 자료들이 컴퓨터 주기억장치에 실제 어떤 순서로 보관되어 있는지 그 주소들을 출력해 보면 주기억장치에서의 자료의 순서도 논리적 순서와 일치하게 보관되어 있음을 알 수 있다.(이를 물리적 순서라고 부른다.) 이와 같이 배열을 이용하여 순서리스트를 저장하는 것을 순차 리스트라고 부르는 것이다.

한편 자료의 논리적 순서와 컴퓨터 주기억장치에 보관되는 물리적 순서가 일치하지 않는 형태도 구현할 수 있는데 이를 연결리스트라고 하며 이에 대해서는 나중에 알아보기로 한다.

2 | 순서 리스트에서의 기본 연산들

자료들을 순서 리스트 형태로 표현하였을 때, 행할 수 있는 주요 연산은 다음과 같다.

- 삽입 : 순서 리스트에 새로운 자료를 적당한 위치에 끼워 넣는 연산

- 삭제 : 특정 자료를 순서 리스트에서 없애는 행위
- 순서 리스트에 보관된 자료의 개수 알아보기
- 순서 리스트에 보관된 자료 전체 출력하기(왼쪽부터, 혹은 오른쪽부터)
- i번째 자료 출력하기 등이다.
- (주요 관심사는 삽입과 삭제이다.)

2.1 새로운 자료의 삽입

원래 자료가 아래와 같을 때,

army	bada	cola	desk	end	from	gun			

curl 라는 자료를 삽입하고 한다면,

army	bada	cola	curl	desk	end	from	gun		

로 순서 리스트를 만들어야 하므로, desk, end, from, gun 항목을 한 칸씩 뒤로 보내고, curl을 빈 공간에 기억시키면 된다. 삽입 연산은 순서 리스트의 어떤 위치에나 일어날 수 있다.

2.2 어떤 자료의 삭제

원래 자료가 아래와 같을 때,

army	bada	cola	desk	end	from	gun			

desk 라는 자료를 삭제하고 싶다면,

army	bada	cola	end	from	gun				

와 같이 desk 뒤의 항목들을 한 칸씩 앞으로 당기는 작업을 하게 된다. 삭제 연산도 순서 리스트의 어떤 위치에서나 일어날 수 있다.

3 | 순서 리스트에서 삽입, 삭제 연산에 걸리는 평균 시간

3.1 순서 리스트에서 삽입 연산에 걸리는 평균 시간

- 순서 리스트에 보관된 현재 자료의 개수가 n개라면,
- 평균적으로 삽입에 걸리는 자료 이동 회수는,

  (맨 처음 위치에 삽입하면, 자료 이동 회수는 n번)

  (2번째 위치에 삽입되면, 자료 이동 회수는 n-1번)

  ....

  (n번째 위치에 삽입되면, 자료 이동 회수는 1번)

  으로 생각할 수 있으므로, 모든 위치에 자료가 각각 삽입된다면,

  n + (n-1) + (n-2) + ... + 1 = $\sum_{i=1}^{i=n}(n-i+1)$ 이고,

  각 위치에 삽입될 확률은 1/n 이므로,

  (평균 자료 이동 회수) = 1/n * $\sum_{i=1}^{i=n}(n-i+1)$ = (n+1)/2 번이 된다.

3.2 순서 리스트에서 삭제 연산에 걸리는 평균 시간

- 순서 리스트에서 삭제 연산에 걸리는 평균 시간은. 위 삽입과 비슷하게 생각하면,
  (맨 처음 위치의 자료가 삭제되면, 자료 이동 회수는 n-1번)
  (2번째 위치의 자료가 삭제되면, 자료 이동 회수는 n-2번)
  ....
  (n번째 위치의 자료가 삭제되면, 자료 이동 회수는 0번)
  으로 생각할 수 있으므로, 모든 위치의 자료가 각각 삭제된다면,
  $(n-1) + (n-2) + ... + 0 = \sum_{i=1}^{i=n}(n-i)$ 이고,
  각 위치에서 삭제될 확률은 1/n 이므로,
  $(\text{평균 자료 이동 회수}) = 1/n * \sum_{i=1}^{i=n}(n-i) = (n-1)/2$ 번이 된다.

4 | 순차 리스트로 구현하는 예제 프로그램

배열을 사용하여 순서리스트를 구현하면, 이것이 바로 순차 리스트가 되는 것이다. 위에서 살펴본 것과 같이 배열에 자료를 보관하면 자료의 논리적 순서와 물리적 순서가 똑같기 때문이다.

예를 들어 과일 이름과 그 과일의 가격 정보를 과일 이름 순서대로 보관하는 예제 프로그램을 생각해 보자.

4.1 자료 설계

과일 이름을 보관할 배열과 그 과일의 가격을 보관할 배열을 아래 [그림 4-1]과 같이 각각 생각할 수 있다.(최대 10개 과일 정보를 보관하는 것으로 한다.)

	fruits	prices
[0]	딸기	500
[1]	레몬	2000
[2]	바나나	1000
[3]	배	3000
[4]	사과	1500
[5]	석류	2000
[6]	수박	9000
[7]	오렌지	3000
[8]	자두	500
[9]	자몽	1500

[그림 4-1] 과일 이름과 가격을 보관할 배열의 모습

- 예를 들어, [4] 항목과 같이 가로로 2개 배열 항목을 묶어 해석하면, "사과는 가격이 1500원이다."와 같이 생각할 수 있는데, 이처럼 하나의 정보단위를 나타내는 것을 노드(node)라고 한다.

4.2 알고리즘

- 위와 같이 배열을 선언하면(과일 정보를 입력하기 전 상태), 빈 순차 리스트를 준비했다고 생각할 수 있고,
- 과일 이름과 가격을 순차 리스트에 보관해 주는 `add(과일_이름, 가격)` 함수

- 특정한 과일 정보를 보관하는 노드를 삭제하는 del(과일_이름) 함수
- 현재 순서 리스트에 있는 내용 전체를 출력해 볼 수 있는 prn() 함수

를 생각할 수 있고, main 함수에서는 메뉴식으로 과일 정보를 등록하고, 삭제하는 행위를 하도록 프로그램을 만들 수 있겠다.

4.3 예제 프로그램(아래 프로그램을 실행해보고 이해하도록 하자.)

- 이미 등록되어 있는 과일은 새로 등록 안하는 것으로 가정
- 과일 가격 정보를 새로 수정하지 않는 것으로 가정
- (위 가정 사항도 반영하게 프로그램을 수정해 보는 것도 프로그램 이해하는데 도움이 될 것이니 그렇게 수정해 보기를 권유한다.)

[프로그램 4-2] 순차 리스트로 과일 정보를 처리하는 예제(fruits1.c)

```
#include <stdio.h>
#include <stdlib.h>
#include <string.h>

// 어떤 함수 안에 있지 않고 바깥에서 선언한 변수, 배열은 모든 함수들이 공동으로 할 수
// 있는 것이 되는데, 이를 외부 변수라고 한다.
// 아래 fruits, prices 배열과 count 변수는 외부 변수이다.
char fruits[10][20]; // 최대 10개 과일 이름 보관할 2차원 배열
int prices[10]; // 최대 10개 과일의 가격 정보를 보관할 1차원 배열
int count = 0; // 현재 리스트에 보관된 과일 정보 개수, 초기에는 0이다.

void add(char f[], int p) // 리스트에 과일 삽입 함수
{
```

```
    int i, j, position;

    if(count == 10)
      printf("10개 과일이 이미 등록되어, 더이상 과일 등록을 할 수 없습니다.\n");
    else // 새로 등록할 수 있다.
    {
      for(i = 0; i < count; i++) // 새로 등록할 과일 위치를 찾는다.
      {
        if(strcmp(f, fruits[i]) > 0) // 현재 i 위치보다 더 뒤에 삽입해야 한다.
          continue; // 다음 요소와 비교를 위해 새로운 반복 시작
        else
          break; // 현재 i 위치가 삽입 위치이다.
      }
      position = i; // break에 의해 반복을 끝냈거나, 맨 마지막이 삽입 위치이다.
      for(j = count; j > position; j--) // 삽입될 과일 위치부터 한 칸 뒤로 옮기는 작업
      {
        strcpy(fruits[j], fruits[j-1]);
        prices[j] = prices[j-1];
      }
      // 새로 과일 등록 작업
      strcpy(fruits[position], f); // 새로 과일 등록
      prices[position] = p;
      count = count + 1;
    }
  }

  void del(char f[]) // 리스트에서 과일 삭제 함수
  {
    int i, j, position;
    for(i = 0; i < count; i++) // 삭제할 과일 위치 찾기
    {
      if(strcmp(f, fruits[i]) == 0) // 과일 위치 찾은 경우,
```

```
            break; // 현재 i 위치가 삭제할 과일 위치이다.
         else
            continue;
      }
      position = i; // break에 의해 반복을 끝냈으면, 현재 i 위치가 삭제할 과일 위치이고,
                    //반복을 다 돌았으면 삭제할 과일이 없는 경우이다.
      if(position == count)
         printf("\n삭제할 과일이 등록되어 있지 않습니다.\n");
      else
      {
         for(j = position; j < count; j++) // 삭제할 과일들 뒤의 과일들 한 칸씩 앞으로 옮기는 작업
         {
            strcpy(fruits[j], fruits[j+1]);
            prices[j] = prices[j+1];
         }
         count = count - 1;
      }
   }

   void prn() // 현재 등록되어 있는 과일 전체 출력하기
   {
      int i;

      if(count == 0)
      {
         printf("\n----- 현재 등록된 과일이 없습니다. -----\n\n");
         return;
      }
      printf("\n----- 현재 등록된 과일은 아래와 같습니다. -----\n\n");
      for(i = 0; i < count; i++)
         printf("%2d번째 과일 : %10s - 가격 %4d\n\n", i+1, fruits[i], prices[i]);
      printf("----------------------------------------------\n\n");
```

```
}

void main()
{
   int choice;
   char name[20]; // 삽일할 과일 이름 입력받는 용도
   int p; // 삽입할 과일 가격 입력받는 용도
   int i;

   for(i=0; i < 10; i++) // 과일 이름 배열 초기화
      strcpy(fruits[i], "");

   printf("현재는 등록된 과일이 없습니다.\n");

   do
   {
      choice;
      printf("원하는 작업 선택 : 1-삽입, 2-삭제, 3-리스트 내용 출력, 4-프로그램 끝내기 : ");
      scanf("%d", &choice);
      switch(choice)
      {
      case 1 :
         printf("\n삽입할 과일 이름을 입력하세요 : ");
         scanf("%s", name);
         printf("삽입할 과일의 가격을 입력하세요 : ");
         scanf("%d", &p);
         getchar();
         add(name, p); // 삽입 함수 호출
         if(count != 10)
            prn(); // 현재 리스트 내용 전체 출력하기
         break;
      case 2:
```

```
            printf("삭제할 과일 이름을 입력하세요 : ");
            scanf("%s", name);
            del(name);
            prn(); // 현재 리스트 내용 전체 출력하기
            break;
        case 3:
            prn(); // 현재 리스트 내용 전체 출력하기
            break;
        case 4:
        default:
              printf("프로그램이 끝났습니다.\n");
              exit(0);
        }
    } while(1); // 무한 반복
}
```

◆ 설명

- 프로그램을 실행하면, 메뉴식으로 과일 이름과 가격을 등록하거나, 삭제할 과일을 입력하면 그 과일을 리스트에서 삭제할 수 있도록 동작하게 된다.
- 과일 이름과 가격을 보관할 순차 리스트로 사용하는 배열의 크기가 10으로 프로그램 되었으므로 최대 10개 까지의 과일만 등록할 수 있다. (만약에 10개보다 많게 입력하려고 시도하면, 할 수 없다고 메시지를 주게 된다. 만약에 10개보다 더 많은 과일을 등록하려면 배열의 크기를 늘려주면 되지만, 등록할 과일의 개수가 최대 몇 개까지 될지 모르는 경우라면, 나중에 설명하는 연결리스트 자료구조를 사용하는 것이 좋다. 이에 대해서는 나중에 살펴보기로 한다.)
  - strcmp(f, a) 함수 설명
  + 문자열을 비교하는 함수이다.
  + f 주소로 시작하는 문자열과 a로 시작하는 문자열을 제일 앞 문자부터 비교하여 알파벳 순서로 f 문자열이 앞이면 -1을, f 문자열이 뒤이면 +1을, 같으면 0을 반환해 주는 함수이다.

- 순서 리스트를 순차 리스트로 구현해 보았다. 물론 위와 같이 프로그램 하지 않고 다르게 프로그램하는 방법도 얼마든지 있을 수 있다. 또 보관하려는 자료의 성격이나 종류, 자료를 처리하려는 방법 등에 따라 얼마든지 위 프로그램을 수정 보완하여 작성할 수가 있을 것이다.
- (도전 과제) 이미 등록되어 있는 과일을 또 다시 등록하려고 하면, 만약 가격을 수정하는 경우이면 가격 변경을 처리해 주고, 그렇지 않고 똑같은 과일 이름과 똑같은 가격이면 "이미 그 과일은 등록되어 있습니다."라고 메시지 주기

5 | 연결 리스트(Linked List)

5.1 연결 리스트가 필요한 이유

위 배열을 이용하는 과일 예제 프로그램에 대해 다시 한 번 생각해 보자. 등록할 수 있는 과일의 개수가 최대 10개까지였다. 그런데 헬스장 등과 같은 고객관리 프로그램과 같은 경우를 생각해 보면, 최대 몇 명까지 등록할 수 있다는 제한을 두는 형태로 프로그램을 만든다는 것은 바람직하지 않을 것이다. 그래서 등록되는 자료의 개수에 제한 없이 필요한 만큼의 자료를 등록할 수 있는 형태를 구현할 수 있는 방안이 순서 리스트를 구현할 때 연결 리스트 자료구조를 이용하는 방법이다.

5.2 연결 리스트에 대한 이해

- 연결 리스트란 앞에서 설명한 바와 같이 자료의 논리적 순서가 컴퓨터 주기억장치에 자료가 보관되는 물리적 순서와 일치하지 않는 형태를 말한다.
- 새로운 자료를 등록해야 할 때, 동적 할당을 이용하여, 프로그램 실행 시에 메모리를

확보하여, 자료 정보를 보관한 다음, 이를 기존의 연결 리스트에 포인터 변수를 활용하여 삽입하는 방식으로 순서 리스트를 운영하는 방법이다.

- 자료를 삭제할 경우에는 해당 자료에 해당하는 노드를 연결리스트 연결에서 끊음으로써 삭제를 구현하는 방법이다.

아래 [그림 4-2]는 연결 리스트에서 자료의 삽입이 일어나는 과정을 보여주고 있다.

- 현재 연결 리스트의 모습이 아래와 같다면,

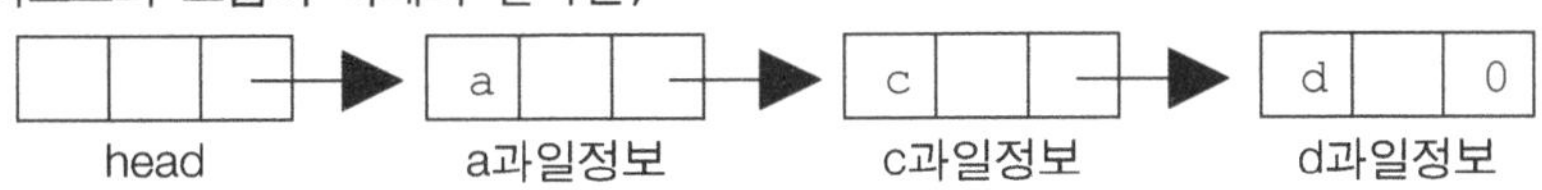

- b과일을 삽입하고 난 후의 연결 리스트 모습

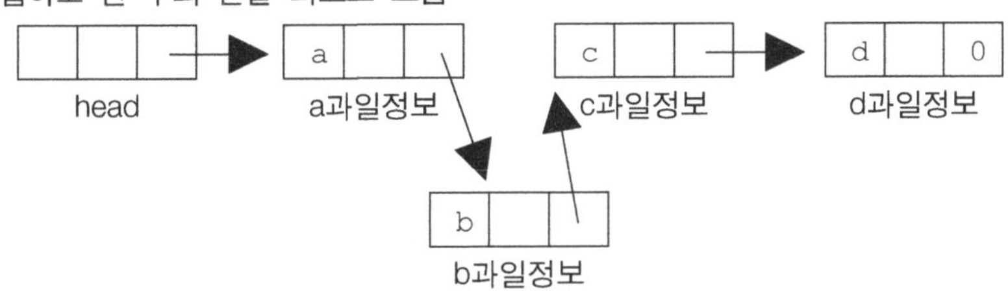

[그림 4-2] 연결 리스트에서의 삽입의 모습

아래 [그림 4-3]은 연결 리스트에서 자료의 삭제가 일어나는 과정을 보여주고 있다.

- 현재 연결 리스트의 모습이 아래와 같다면,

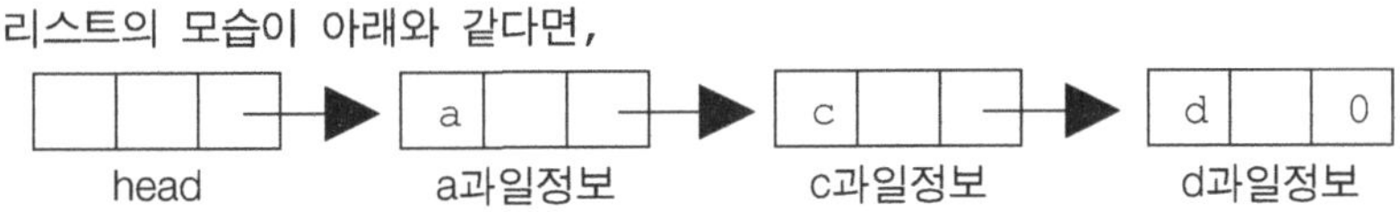

- c과일을 삭제하고 난 후의 연결 리스트 모습

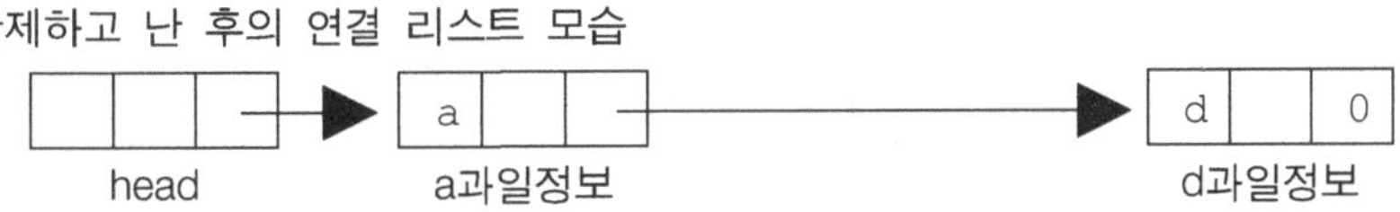

[그림 4-3] 연결 리스트에서의 삭제의 모습

5.3 연결 리스트를 이용하는 과일 예제 프로그램

위에서 살펴보았던 과일 예제 프로그램을 연결 리스트를 이용하여 작성해 봄으로써 연결 리스트를 보다 더 이해해 보도록 한다. 앞에서 학습한 구조체, 동적할당, 포인터 등을 이용하게 된다.

5.3.1 자료 설계

- 과일 이름과 과일 가격을 보관할 노드(node)는 구조체를 이용하여 아래와 같이 생각한다.

과일 이름	과일 가격	자기참조 포인터

<---------------------------------> <--------------->

데이터 링크

- 자기 참조 포인터는 다음 노드를 가리키는 주소를 보관하는 용도인데, 이를 링크(link)라고 한다. 다시 말해 노드는 데이터와 링크 두 가지 종류로 이루어 진 것이라 할 수 있다.
- 위 노드를 바탕으로, 리스트의 시작을 나타내는 head라는 이름의 노드를 생각하고, 최초로는 head 노드만 있는, 즉 빈 연결 리스트를 생각한다.(자기 참조 포인터가 0인 것은 더 이상 뒤에 없다는 것을 의미하는 것으로 한다.)

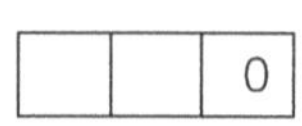

head

5.3.2 알고리즘

- 연결 리스트에 노드를 삽입하는(새로운 과일을 등록하는) 일을 담당하는 함수

addnode(과일_이름, 가격) 함수
- 연결 리스트에서 특정한 과일 정보를 가지고 있는 노드를 삭제하는 delnode(과일_이름) 함수
- 현재 연결 리스트에 있는 내용 전체를 출력해 볼 수 있는 prnnode() 함수
- 새로운 과일 정보 삽입 시 필요한 노드를 동적 할당으로 확보하는 getnode() 함수
- 노드를 삭제하게 되면, 이제 더 이상 필요없는 노드를 반환하는 retnode(노드_주소) 함수

를 생각할 수 있고, main 함수는 순차 리스트에서와 똑같이 메뉴식으로 과일 정보를 등록하고 삭제하는 행위를 하도록 프로그램을 만들도록 한다.

5.3.3 프로그램(아래 프로그램을 실행해보고 이해하도록 하자.)

- 순차 리스트에서와 같이 이미 등록되어 있는 과일은 새로 등록 안하는 것으로 가정
- 과일 가격 정보도 새로 수정하지 않는 것으로 가정
- (위 가정 사항도 반영하게 프로그램을 수정해 보는 것도 프로그램 이해하는데 도움이 될 것이니 그렇게 수정해 보기를 권유한다.)

[프로그램 4-3] 연결 리스트로 과일 정보를 처리하는 예제(fruits2.c)

```
#include <stdio.h>
#include <stdlib.h>
#include <string.h>

// 아래 구조체 정의는 외부 변수와 똑같이 모든 함수에서 사용할 수 있는
// 구조체 정의이다.
struct Node // 과일 정보를 보관하는 노드를 정의하는 구조체 정의
{
   char name[20]; // 과일 이름 보관 필드
   int price; // 과일 가격 보관 필드
```

```
    struct Node *next; // 자기 참조 포인터
};

struct Node head; // 빈 리스트 정의
int count = 0; // 현재 리스트에 보관된 과일 정보 개수, 초기에는 0이다.

struct Node *getnode() // 새로운 노드 공간을 동작할당으로 확보해 주는 함수
{                      // 동적으로 할당한 노드의 시작 주소를 반환해 준다.
    struct Node *p;
    p = (struct Node*)malloc(sizeof(struct Node));
    return(p);
}

void retnode(struct Node* ptr)
{
    free(ptr); // 동적 할당 반환
}

void addnode(char f[], int p) // 리스트에 과일 삽입 함수
{
    int i;
    struct Node *ptr; // 새로 할당받을 동적 노드 주소를 보관할 구조체 포인터
    struct Node *current, *previous; // 작업용 포인터
    current = head.next;
    previous = &head;

    for(i = 0; i < count; i++) // 새로 등록할 과일 위치를 찾는다.
    {
        if(strcmp(f, current->name) > 0) // 현재 current 위치보다 더 뒤에 삽입해야 한다.
        {
            previous = current; // previous는 나중 삽입을 위해 보관 필요.
            current = current->next;
```

```
            continue;
        }
        else
            break; // 현재 current 위치가 삽입 위치이다.
    }

    // 새로운 노드를 연결하는 작업
    ptr = getnode(); // 새로운 노드 할당 받고,
    strcpy(ptr->name, f); // 과일 이름 보관,
    ptr->price = p; // 과일 가격 보관,
    ptr->next = previous->next;
    previous->next = ptr; // 새로운 노드를 연결하는 작업
    count = count + 1;
}

void delnode(char f[]) // 리스트에서 과일 삭제 함수
{
    int i;
    struct Node *current, *previous; // 작업용 포인터
    current = head.next;
    previous = &head;

    for(i = 0; i < count; i++) // 삭제할 과일 위치 찾기
    {
        if(strcmp(f, current->name) == 0) // 과일 위치 찾은 경우,
            break;
        else
        {
            previous = current; // previous는 나중 삽입을 위해 보관 필요.
            current = current->next;
            continue;
        }
```

```
    }

    if(current == NULL)
      printf("\n삭제할 과일이 등록되어 있지 않습니다.\n");
    else
    {
      // 찾은 노드를 삭제하는 작업
      previous->next = current->next;
      retnode(current);
    }
    count = count - 1;
  }

  void prn() // 현재 등록되어 있는 과일 전체 출력하기
  {
    int i;
    struct Node *current = head.next;
    if(count == 0)
    {
      printf("\n----- 현재 등록된 과일이 없습니다. -----\n\n");
      return;
    }
    printf("\n----- 현재 등록된 과일은 아래와 같습니다. -----\n\n");
    for(i = 0; i < count; i++)
    {
      printf("%2d번째 과일 : %10s - 가격 %4d\n\n", i+1,
                        current->name, current->price);
      current = current->next;
    }
    printf("----------------------------------------\n\n");
  }

```

```
void main()
{
   int choice;
   char name[20]; // 삽일할 과일 이름 입력받는 용도
   int p; // 삽입할 과일 가격 입력받는 용도
   int i;

   head.next = NULL; // 최초 빈 리스트를 만듬
   printf("현재는 등록된 과일이 없습니다.\n");

   do
   {
      choice=0;
      printf("원하는 작업 선택 : 1-삽입, 2-삭제, 3-리스트 내용 출력, 4-프로그램 끝내기 : ");
      scanf("%d", &choice);
      switch(choice)
      {
      case 1 :
         printf("\n삽입할 과일 이름을 입력하세요 : ");
         scanf("%s", name);
         printf("삽입할 과일의 가격을 입력하세요 : ");
         scanf("%d", &p);
         getchar();
         addnode(name, p); // 삽입 함수 호출
         prn(); // 현재 리스트 내용 전체 출력하기
         break;
      case 2:
         printf("삭제할 과일 이름을 입력하세요 : ");
         scanf("%s", name);
         delnode(name);
         prn(); // 현재 리스트 내용 전체 출력하기
```

```
            break;
        case 3:
            prn(); // 현재 리스트 내용 전체 출력하기
            break;
        case 4:
        default:
                printf("프로그램이 끝났습니다.\n");
                exit(0);
        }
    } while(1); // 무한 반복
}
```

◆ 설명

- 프로그램을 실행하면 결과는 위 [프로그램 4-2]와 똑같다. 다만 이제 과일을 10개 이상 필요한 만큼 얼마든지 등록할 수 있게 되었다.
- 이는 새로운 과일을 등록할 때 마다 프로그램 실행 중에 필요한 만큼의 메모리를 동적 할당 받아 그 정보를 저장한 후, 기존 연결 리스트에 연결해 나가는 방법을 사용하기 때문이다.
- (도전 과제) 이미 등록되어 있는 과일을 또 다시 등록하려고 하면, 만약 가격을 수정하는 경우이면 가격 변경을 처리해 주고, 그렇지 않고 똑같은 과일 이름과 똑같은 가격이면 "이미 그 과일은 등록되어 있습니다."라고 메시지 주기

5.4 원형 연결 리스트, 이중 연결 리스트, 이중 원형 연결 리스트

위에서 살펴본 연결 리스트를 단순 연결 리스트라고 부르는데, 이러한 단순 연결 리스트의 모습에서 조금 변형된 종류들이 있기 때문이다.

위 연결 리스트의 맨 끝 노드는 뒤에 더 이상의 노드가 없으므로 next 필드가 NULL 값을 가지게 된다. 그런데 이 맨 끝 노드가 맨 처음 노드를 가리키도록 맨 끝 노드의 next 필드에 첫 노드의 주소를 넣어 줌으로써 아래 그림과 같이 원형 연결 리스트를 만

들 수 있다. 원형 연결 리스트에 알맞은 응용문제가 주어지면 이를 구현하여 사용하면 된다. 프로그램으로 구현하는 것은 생략한다. 아래 [그림 4-4]는 원형(혹은 환형) 연결리스트의 모습이다.

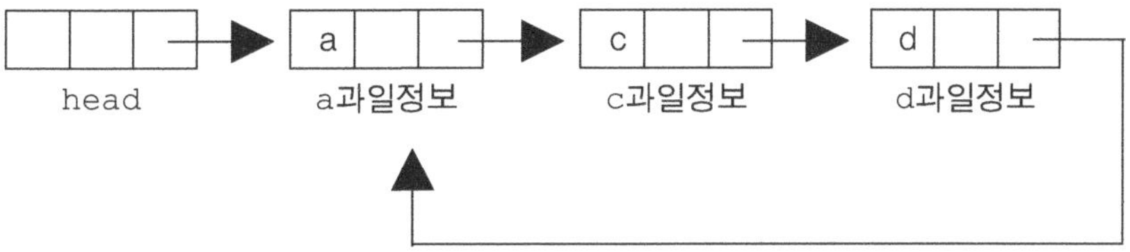

[그림 4-4] 원형 연결 리스트의 모습

이중 연결 리스트는 아래 [그림 4-5]와 같은 모습으로 오른쪽 방향뿐만 아니라 왼쪽 방향으로도 링크를 가지는 모습이다.

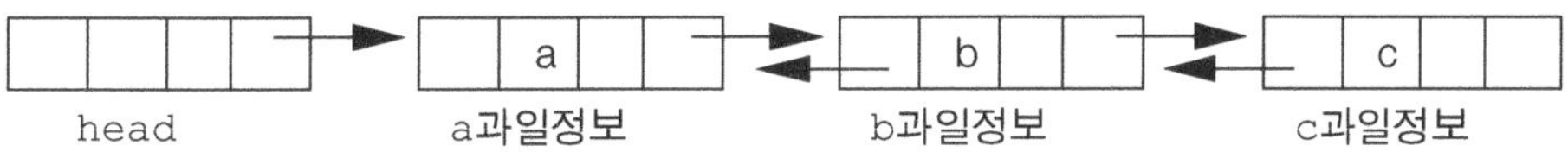

[그림 4-5] 이중 연결 리스트의 모습

이중 원형 연결 리스트도 생각해 볼 수가 있는데 아래 [그림 4-6]과 같이 이해할 수 있다.

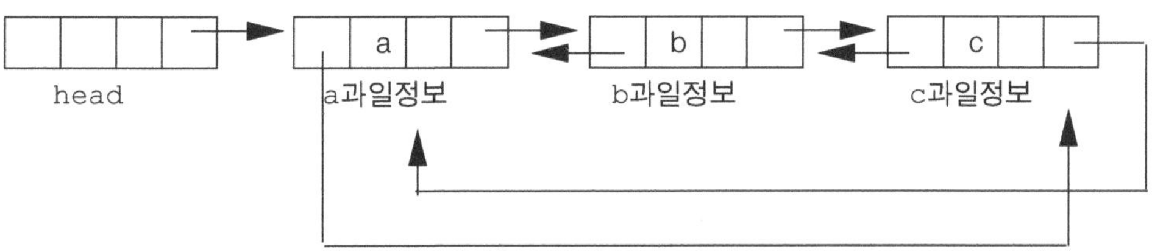

[그림 4-6] 이중 원형 연결 리스트의 모습

이런 원형 연결 리스트, 이중 연결 리스트, 이중 환형 연결 리스트 등은 응용문제에 따라 단순 연결 리스트를 확장하여 구현하여 사용하면 된다.

연습문제

Data Structure Exercises

1. 리스트 자료구조는 자료를 어떻게 표현 보관하는 자료구조인가?

2. 순차 리스트란 자료의 논리적 순서와 물리적 순서가 일치하는 경우를 말하는데, 논리적 순서와 물리적 순서가 뜻하는 바는 각각 무엇인지 간단히 설명하라.

3. (순서)리스트를 배열로 구현하는 방법(순차리스트로 구현)과 구조체, 동적할당을 이용하는 방법(연결리스트로 구현) 2가지 방법의 장, 단점을 각각 간단히 설명해 보아라.

4. 배열을 이용하여 순서리스트를 구현할 때, 자료 삽입의 과정을 3단계로 표현할 때, 아래 2단계에서 해야 할 일은 무엇인가?
   ① 자료를 삽입할 위치를 찾는다.
   ② (   )
   ③ 해당 위치에 자료를 삽입한다.

5. 배열을 이용하여 순서리스트를 구현할 때, 자료 삭제의 과정을 2단계로 표현할 때, 아래 2단계에서 해야 할 일은 무엇인가?
   ① 삭제할 자료를 찾는다.
   ② (   )

6. 순서 리스트를 연결리스트로 구현하는 경우는 배열을 이용하는 순차리스트 구현과 비교하여 가장 큰 장점은 무엇인가?

7. 노드(node)는 정보의 한 단위를 말하는데, 2부분으로 이루어졌다고 이해할 수 있는데, 이는 각각 무엇인가?

CHAPTER

05

선형 자료구조 - 스택(Stack)

1 | 스택의 기본 개념

앞에서 우리는 리스트에 대해서 알아보았다. 리스트에서의 주요 연산인 삽입과 삭제가 리스트의 어느 위치에서나 이루어질 수 있었음에 비하여 삽입과 삭제의 위치가 한쪽 끝 부분으로 제한되는 형태를 스택이라고 한다.

원래 스택이란 책이나 접시와 같은 물건을 쌓아 놓는다는 의미이다. 이제 새로운 책 한권을 쌓아둔 책 위에 올린다거나(삽입), 맨 위의 책을 제거하는(삭제) 경우를 생각해 보면, 선형 리스트의 맨 위에서만 삽입과 삭제가 일어나는 것으로 이해할 수 있으며, 이런 형태로 자료구조를 운영하는 것을 스택이라고 부르는 것이다.

이런 형태의 자료 구조를 프로그램에서 활용하는 경우가 꽤 많이 있다. 예를 들어 아래 [그림 5-1]과 같은 미로 찾기 게임을 프로그램 한다고 생각해 보자. 각 갈래 길에 번호를 부여한 후, 출발선에서 선택한 길로 가다가 더 이상 갈 길이 없으면, 길을 되돌아 나와야 하는데, 갈림길의 어느 한 곳으로 진행하기 전에 그 위치를 스택에 쌓아두면 나중에 올바로 되돌아 나올 수 있을 것인데, 이런 경우에 대표적으로 스택 자료 구조를 사용하게 된다.

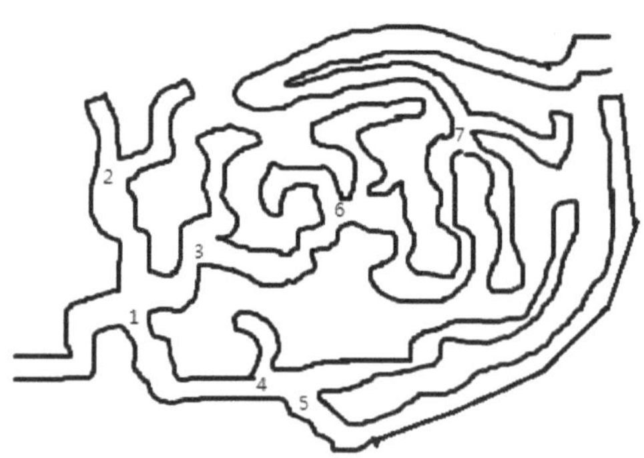

[그림 5-1] 미로찾기 게임의 예

2 | 스택을 사용하는 예제들

이러한 스택을 활용하는 대표적인 경우는 위의 미로게임 프로그램이나, 함수 호출에서의 리턴 주소 보관, 수식 변환(infix 수식 표현을 prefix나 postfix 표현) 등이 있다.

3 | 스택에서의 연산과 기본 용어

스택은 아래 [그림 5-2]와 같이 한쪽이 막혀 있는 통과 같이 생각할 수 있다.

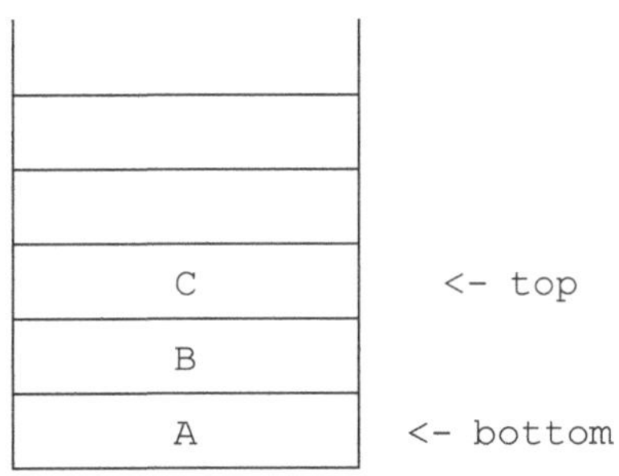

[그림 5-2] 스택의 모습과 기본 용어

- 보관된 자료의 맨 아래를 bottom이라고 한다.
- 보관된 자료의 맨 위를 top이라고 한다.
- 자료의 삽입과 삭제는 항상 top 쪽에서 이루어진다.
- 스택에 자료를 삽입하는 행위를 push라고 한다.
- 스택에서 자료를 삭제하는 행위를 pop이라고 한다.

- 따라서 가장 최근에 삽입된 자료가 가장 먼저 삭제되기 때문에 흔히 스택을 LIFO (Last-In, First-Out) 구조라고 부른다.

4 | 스택의 구현 방법

스택을 구현하는 방법은 앞 리스트를 구현하는 방법에서와 똑같이 1차원 배열을 이용하는 정적(static) 구현 방법과, 연결 리스트(Linked List)를 이용하는 동적(dynamic) 구현 방법 2가지를 생각할 수 있는데, 1차원 배열을 이용하는 정적인 방법을 사용하게 되면, 스택에 저장할 수 있는 자료의 최대 개수가 제한되게 될 것이고, 연결 리스트를 구현하는 방법과 같이 동적 구현 방법을 사용하게 되면, 최대 자료 개수의 제한은 없어지게 된다. 어떤 프로그램을 작성할 것인가에 따라 선택하면 된다.

5 | 스택을 이해하는 예제 프로그램

5.1 열차 예제(1차원 배열을 이용하는 정적인 방법)

먼저 아래와 같은 문제를 생각해 보자.

자료의 순서가 D, C, B, A 인 자료를, 스택을 이용하여 출력할 수 없는 결과는 아래 중 무엇인가?(스택의 동작을 이해하는 문제)
① C, B, D, A ② B, C, A, D ③ C, A, B, D ④ B, D, A, C

스택에서 행할 수 있는 연산인 push, pop을 적절한 순서로 행하면 D, C, B, A 순서로 들어온 자료를 ①, ②, ③의 경우와 같은 순서로 출력할 수 있지만, ④의 순서는 만들어 낼 수 없음을 알 수가 있다.

이제 위 문제와 유사한 행위를 보여주는 실제 예제 프로그램을 작성해 보자.

열차가 종착역에 들어왔다, 나갔다 하는 경우를 생각해 보자. 종착역의 구조 상 열차는 맨 나중에 들어온 열차가 다시 맨 처음 나가게 될 것이다(스택의 형태). 종착역에 들어오는 열차들은 편의 상 A, B, C, ... 열차로 부르기로 하자. 최대 10대까지의 열차만 종착역에 들어 올 수 있다고 생각하자. 이제 아래 [프로그램 5-1]을 작성하고 실행하여 위 문제의 ①, ②, ③과 같은 결과를 만들 수 있는지 확인해 보기 바란다.

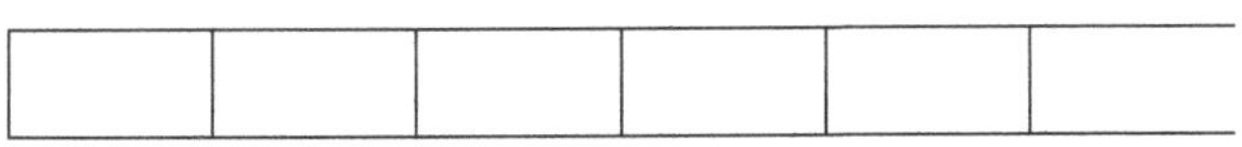

← 열차가 들어오고 나가는 곳

[프로그램 5-1] 열차 예제(train.c)

```
#include <stdio.h>
#include <stdlib.h>
#define MAX 10 // 최대 열차 개수

char stack[MAX]; // 종착역에 열차를 보관할 스택
int top = -1; // 스택의 top 초기값
int bottom = 0; // 스택의 bottom 초기값

void push(char t)
{
  if(top == (MAX - 1)) // stack is full
```

```
    {
        printf("\n 스택이 꽉 찼습니다.\n");
        return;
    }
    else
        stack[++top] = t; // 스택에 보관
}

char pop()
{
    if(top == -1) // stack is empty
        return 'Q'; // 스택이 비어 있으면 'Q'를 리턴하는 것으로 함.
    else
        return (stack[top--]);
}

void prn()
{
    int i;
    printf("\n------------현재 스택의 모습-------------------\n");
    if(top == -1)
        printf("\n현재 스택은 비어 있습니다.\n");
    else
    {
        for(i=bottom; i<=top; i++)
            printf("%c  ", stack[i]);
    }
    printf("\n------------------------------------------\n");
}

void main()
{
```

```
    int choice;
    char train; // 기차 이름
    char pop_result;

    printf("현재는 종착역에 열차가 없습니다.\n");

    do
    {
       choice = 0;
       printf("\n\n원하는 작업 선택 : 1-push, 2-pop, 3-스택출력, 4-프로그램 끝내기 : ");
       scanf("%d", &choice);
       getchar();
       switch(choice)
       {
       case 1:
          printf("\npush할 열차 이름을 입력하세요 : ");
          scanf("%c", &train);
          getchar();
          push(train); // push 함수 호출
          prn(); // 현재 스택 내용 전체 출력하기
          break;
       case 2:
          pop_result = pop();
          if(pop_result != 'Q') // 스택이 비지않은 경우
             printf("\n pop된 열차는 %c 입니다.\n", pop_result);
          prn(); // 현재 스택 내용 전체 출력하기
          break;
       case 3:
          prn(); // 현재 스택 내용 전체 출력하기
          break;
       case 4:
```

```
        default:
          printf("프로그램이 끝났습니다.\n");
          exit(0);
        }
    } while(1); // 무한반복
}
```

◆ 설명

위 프로그램에서 같은 이름의 열차가 중복해서 들어오면 안 되는데 이에 대한 검사 기능은 빠져 있으므로 여러분들이 그러한 기능을 추가해 보기 바란다.

5.2 연결 리스트를 이용한 열차 예제 스택의 구현

연결 리스트(구조체, 동적 할당)를 이용해 스택을 구현하는 방법은 4장에서 구현했던 연결 리스트에서 사용했던 방법과 아주 유사하게 구현할 수 있다. 이에 대해서는 여러분들에게 도전과제로 남겨둔다!

5.3 함수 호출과 복귀 시 스택의 이용 이해하기

함수 호출을 할 때, 그 함수의 실행이 끝나고 나면, 호출한 곳으로 복귀해야 하는데, 이 때 복귀 주소를 스택에 보관하게 된다.

- 아래 [그림 5-3]과 같은 프로그램을 생각해 보자. main(), a(), b(), c(), d(), e(), f() 여섯 개의 함수를 이용하는 모습을 보여주고 있으며, '주소'로 표시된 숫자는 프로그램 실행 시의 각 함수 부분들의 주소(혹은 라인 번호)를 의미한다.(물론 실제 주소는 아니다.)
- 함수 호출이 일어날 때는 복귀할 주소를 스택에 보관하게 되고(push), 복귀할 때는

스택에서 pop하여 그 주소로 복귀하게 된다. 아래 함수 호출과 복귀 과정을 따라가며 스택을 이용하는 과정을 따라가 보기 바란다.

주소	
1	void main()
2	{
3	...
4	a() // a 함수 호출
5	...
6	b() // b 함수 호출
7	...
8	a() // a 함수 호출
9	}
10	
11	void a()
12	{
13	...
14	c() // c 함수 호출
15	...
16	d() // d 함수 호출
17	}
18	
19	void b()
20	{
21	...
22	e() // e 함수 호출
23	...
24	f() // f 함수 호출
25	}
26	

주소	
27	void c()
28	{
29	...
30	}
31	
32	void d()
33	{
34	...
35	}
36	
37	void e()
38	{
39	...
40	}
41	
42	void f()
43	{
44	...
45	}

[그림 5-3] 함수를 호출하는 프로그램의 모습

- 프로그램이 main(0) 함수부터 실행되면서 함수 호출, 복귀에 따른 스택의 변화는 다

음과 같다.

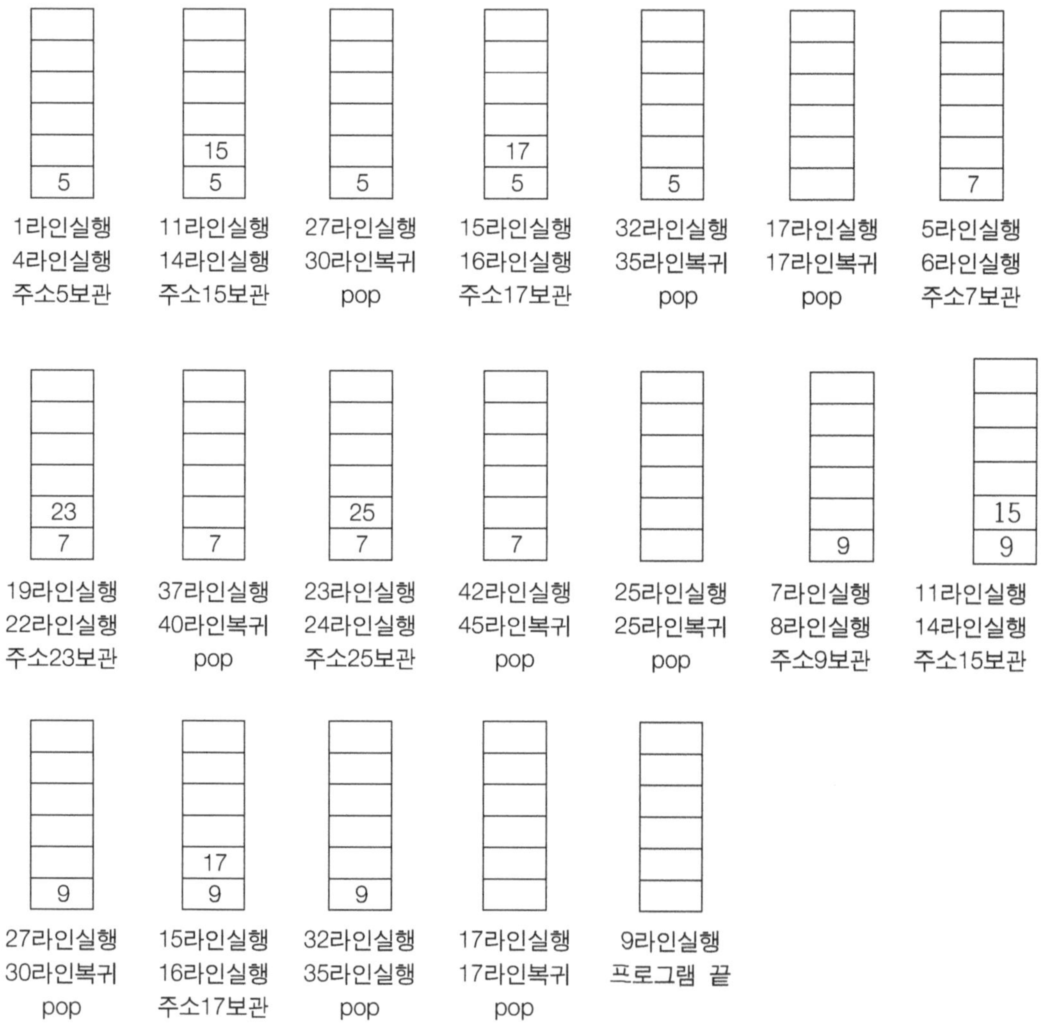

5.4 수식 표현 변환의 예제

- a + b 와 같은 수식 표현에서 +를 operator(연산자)라고 하고, a, b를 operand(피연산

자)라고 한다.

- 수식을 나타내는 방법은 3가지가 있을 수 있다.
  + infix(중위) 표현법 : a+b → 피연산자 사이에 연산자를 표시하는 법, 보통의 경우
  + prefix(전위) 표현법 : +ab → 연산자를 피연산자들 앞에 표현하는 법
  + postfix(후위) 표현법 : ab+ → 연산자를 피연산자들 뒤에 표현하는 법
- 수식을 중위 표현법으로 나타내는 것은 사람이 알기 쉬운 방법이다.
- 수식을 전위, 후위 표현법으로 나타내는 것은 컴퓨터에서 스택을 이용하여 수식 계산을 쉽게 하기 위해서이다. 특히 전위, 후위 표현법에서는 괄호를 사용하지 않고 수식을 표현할 수 있고, 연산자의 우선순위도 전위, 후위표현법에 반영되기 때문에, 수식 계산을 쉽게 할 수 있게 해준다.

5.4.1 중위 표현법을 전위 표현법으로 바꾸는 방법(이해하기 위한 방법)

- 주어진 수식이 a /4 * (b - c) 라고 하면,
- 모든 연산에 괄호를 붙여 생각한다. ((a / 4) * (b - c))
- 각 연산자를 대응되는 왼쪽 괄호 앞에 놓는다. *(/(a4)-(bc))
- 괄호를 모두 없앤다. */a4-bc 로 완성된다.

5.4.2 중위 표현법을 후위 표현법으로 바꾸는 방법(이해하기 위한 방법)

- 주어진 수식이 a /4 * (b - c) 라고 하면,
- 모든 연산에 괄호를 붙여 생각한다. ((a / 4) * (b - c))
- 각 연산자를 대응되는 오른쪽 괄호 앞에 놓는다. ((a4)/(bc)-)*
- 괄호를 모두 없앤다. a4/bc-* 로 완성된다.

> a*b + (c-d) / (e+f)를 각각 전위, 후위 표현법으로 바꾸어 보아라.

5.4.3 스택을 이용하는 중위 표현법을 후위 표현법으로 바꾸는 예제 프로그램

컴퓨터에서는 후위 표현법을 사용하는데, 프로그램 등에서 사용된 중위 표현법의 수식이 나타나면, 1) 이를 후위 표현법으로 바꾸고, 2) 후위 표현법으로 표시된 수식을 계산하여 결과를 만들게 된다. 두 가지 일 모두 스택을 이용하게 된다.

- 중위 표현법 → 후위 표현법으로 바꾸는 알고리즘
  ① 괄호가 전부 표현된 주어진 중위표현법 수식에 대하여,
  ② 왼쪽 괄호를 만나면, 무시한다.
  ③ 피연산자는 그냥 출력한다.
  ④ 연산자는 스택에 push한다.
  ⑤ 오른쪽 괄호를 만나면, pop하여 출력한다.
  ⑥ 수식이 끝났으면, 스택에서 차례대로 pop하여 출력한다.

[예] ((a/4)*(b-c)) 수식에 대하여,

① (, (무시		
② a 출력	스택 :	결과 : a
③ / push	스택 : /	결과 : a
④ 4 출력	스택 : /	결과 : a4
⑤)에 대하여, pop, 출력	스택 :	결과 : a4/
⑥ * pus	스택 : *	결과 : a4/
⑦ (무시		
⑧ b 출력	스택 : *	결과 : a4/b
⑨ - push	스택 : *-	결과 : a4/b
⑩ c 출력	스택 : *-	결과 : a4/bc
⑪),)에 대하여 차례대로 pop 출력, pop 출력	스택 :	결과 : a4/bc-*

(완성!)

아래 [프로그램 5-2]는 위에서 설명한 중위표현법 수식을 후위표현법 수식으로 변환해 주는 프로그램이다.

[프로그램 5-2] 중위표현 수식을 후위표현 수식으로 변환하는 프로그램 예제(postfix.c)

```
// 중위 표현 수식을 후위 표현 수식으로 변환, 출력해 주는 프로그램
#include <stdio.h>
void main()
{
   char stack[20];
   int bottom = 0;
   int top = -1;
   int i;
   char input[30];

   printf("수식을 입력하세요 : ");
   scanf("%s", input);

   printf("후위 표현법으로 변환한 결과 : ");

   for(i = 0; input[i] != '\0'; i++)
   {
      if(input[i] == '(')
         continue;
      else if(input[i] == ')')
         printf("%c", stack[top--]);
      else if(input[i] == '+' || input[i]
               == '-' || input[i] == '*' || input[i] == '/')
         stack[++top] = input[i];
      else
         printf("%c", input[i]);
```

```
        }
        printf("\n\n프로그램 끝\n");
    }
```

◆ 설명

위 프로그램을 실행할 때 주의할 점은 입력하는 중위표현 수식은 전부 괄호가 되어 있어야 함으로 주의하기 바란다.

5.4.4 후위 표현법에 의한 수식을 계산하는 알고리즘

이제 위의 과정을 거쳐 만들어진 후위표현 수식의 변수들의 값이 주어지면 그 수식의 결과 값을 만드는 과정도 스택을 이용하여 구현할 수 있는데 그 과정은 다음과 같다.

① 피연산자는 스택에 push한다.
② 연산자를 만나면, 필요한 만큼 피연산자를 pop한다.(일단 문제를 간단히 하기 위해 단항 연산자는 고려하지 않기로 하자.)
③ 계산하여 결과 값을 push한다.
④ 수식이 끝나면, 스택에서 pop하여 출력하면 결과 값이다.

[예] a4/bc-* 수식에 대하여, (변수 a의 값이 8, b의 값이 2, c의 값이 4라고 가정하자.)

① a push 스택 : a 결과 :
② 4 push 스택 : a 4 결과 :
③ /에 대하여 pop, pop 하여 a/4 계산, 결과값 2 push
스택 : 2 결과 :
④ b push 스택 : 2 b 결과 :
⑤ c push 스택 : 2 b c 결과 :
⑥ - 에 대하여 pop, pop하여 b-c 계산, 결과값 -2 push
스택 : 2 -2 결과 :
⑦ * 에 대하여 pop, pop하여 2*-2 계산, 결과값 -4 push

스택 : -4 결과 :

⑧ 수식이 끝났으므로, pop한 값이 결과값이다.

스택 : 결과 : -4

아래 [프로그램 5-3]은 (괄호가 전부 되어 있는) 중위 표현 수식이 입력되고, 사용된 변수의 값도 입력되면, ① 중위표현 수식을 후위표현 수식으로 변환하고, ② 후위표현 수식의 최종 결과 값도 계산하는 프로그램이다.

[프로그램 5-3] 후위표현 수식으로 변환하고, 계산도 하는 프로그램 예제(postcal.c)

```
// 중위 표현 수식을 후위 표현 수식으로 변환 출력하고,
// 그 수식의 변수값을 입력했을 때, 수식의 값도 계산하는 프로그램
// 단, 정수 상수는 1자리 수(0 ~ 9)만 사용하기로 한다.
// 수식에서 사용하는 변수는 a, b, c, d, e, f로 최대 6개만 사용하기로 한다.
#include <stdio.h>
void main()
{
   char stack[20];
   int bottom = 0;
   int top = -1;
   char input[30];
   char postfix[30]; // 후위 수식 보관용
   int i, j = 0;
   int d1, d2, r;
   int a, b, c, d, e, f; // 수식의 변수값 보관용

   printf("수식을 입력하세요 : ");
   scanf("%s", input);
   printf("후위 표현법으로 변환한 결과 : ");
   for(i = 0; input[i] != '\0'; i++)
   {
```

```
        if(input[i] == '(')
            continue;
        else if(input[i] == ')')
        {
            printf("%c", stack[top]);
            postfix[j++] = stack[top];
            top--;
        }
        else if(input[i] == '+' || input[i]
                == '-' || input[i] == '*' || input[i] == '/')
            stack[++top] = input[i];
        else
        {
            printf("%c", input[i]);
            postfix[j++] = input[i];
        }
    }
    postfix[j] = '\0';
    printf("\n변수 a, b, c, d, e, f 값을 차례대로 입력하세요 : ");
    scanf("%d %d %d %d %d %d", &a, &b, &c, &d, &e, &f);
    top = -1; // 스택 초기화
    for(i = 0; postfix[i] != '\0'; i++)
    {
        if(postfix[i] == '+' || postfix[i]
            == '-' || postfix[i] == '*' || postfix[i] == '/')
        {
            d2 = stack[top--];
            d1 = stack[top--];
            switch(postfix[i])
            {
            case '+' :
                r = d1 + d2;
```

```
        break;
      case '-' :
        r = d1 - d2;
        break;
      case '*' :
        r = d1 * d2;
        break;
      case '/' :
        r = d1 / d2;
        break;
      default :
        printf("111111\n");
      }
      stack[++top] = r;
    }
    else
      switch(postfix[i])
      {
      case 'a' :
        stack[++top] = a;
        break;
      case 'b' :
        stack[++top] = b;
        break;
      case 'c' :
        stack[++top] = c;
        break;
      case 'd' :
        stack[++top] = d;
        break;
      case 'e' :
        stack[++top] = e;
```

```
                break;
            case 'f' :
                stack[++top] = f;
                break;
            default :
                stack[++top] = postfix[i] - 48; // 문자숫자를 정수로 바꿈
            }
        }
        printf("수식의 결과는 %d 입니다.\n", stack[top--]);
        printf("\n\n프로그램 끝\n");
    }
```

설명

위 프로그램을 실행할 때, ① 괄호가 모두 된 중위표현 수식을 입력하여야 하고, ② 문제를 간단히 하기 위하여, 수식에 변수를 사용할 때는 최대 6개의 변수에 대해서 a, b, c, d, e, f라는 변수 이름을 사용하고, ③ 변수의 값을 입력할 때는 수식에서 사용한 변수만큼의 변수값을 입력하되, 사용하지 않은 변수에 대해서는 0을 입력하도록 한다.

연습문제
Data Structure Exercises

1. 리스트 자료구조와 비교하여 스택 자료구조는 어떤 점에서 다른 모습을 보이는 자료구조인가?

2. 스택과 관련된 용어들인 top, bottom, push, pop 용어들의 뜻을 간단히 설명하라.

3. 자료의 순서가 A, C, B, D로 정해진 입력 자료를 스택을 이용하여 출력할 때, 출력한 결과가 될 수 없는 것은 어느 경우인가?(단 보기 항에서 좌측 값부터 먼저 출력된 순서이다.)〈2013년 6월 정보처리 산업기사 기출문제〉
   ① D, B, C, A ② D, A, C, B ③ A, C, B, D ④ C, D, B, A

4. 스택을 이용하기에 적당하지 않은 것은?
   ① 수식 계산 ② 함수 호출 ③ 작업 스케쥴링 ④ 수식 표현 변환

5. 수식의 표현 방법에는 3가지가 있을 수 있는데, 각각 전위 표현, 중위 표현, 후위 표현이 그것이다. 중위 표현 방법과 비교하여 전위 표현, 후위 표현 방법이 가지는 가장 큰 장점은 무엇인가?

6. 중위 표현 수식 a * (b-c) + d를 전위 표현, 후위 표현 수식으로 각각 바꾼 결과는 무엇인가?

7. 중위 표현 수식 a + b * c - (d + e)를 전위 표현, 후위 표현 수식으로 각각 바꾼 결과는 무엇인가?

8. 중위 표현 수식을 후위 표현 수식으로 바꾸는 알고리즘의 순서를 적어보라.

9. 위 6번 문제의 중위 표현 수식 a * (b-c) + d를 후위 표현 수식으로 변환하는 알고리즘에 따라 그 과정을 손으로 써 보라.

10. 위 7번 문제의 중위 표현 수식 a + b * c - (d + e)를 후위 표현 수식으로 변환하는 알고리즘에 따라 그 과정을 손으로 써 보라.

11. 위 9번 문제를 통해 도출한 후위 표현식에 대하여, a=3, b=6, c=3, d=2 일 때, 수식을 계산하는 알고리즘에 따라 수식의 결과 값을 도출하는 과정을 손으로 써보라.

12. 위 10번 문제를 통해 도출한 후위 표현식에 대하여, a=3, b=2, c=2, d=2, e=1 일 때, 수식을 계산하는 알고리즘에 따라 수식의 결과 값을 도출하는 과정을 손으로 써보라.

CHAPTER

06

선형 자료구조 - 큐(Queue)

1 | 큐의 기본 개념

리스트에서 입출력이 한쪽 끝에서만 행해지는 것으로 제한한 형태가 스택이였다면, 한쪽 끝에서는 입력만, 반대쪽 끝에서는 출력만 일어나는 것으로 제한한 형태가 큐이다. 은행 업무나 버스 줄서기 등과 같이 도착한 순서대로 업무 처리를 하는 경우와 같은 형태의 자료구조를 말한다. 아래 [그림 6-1]은 이러한 큐의 구조와 동작형태를 보여준다.

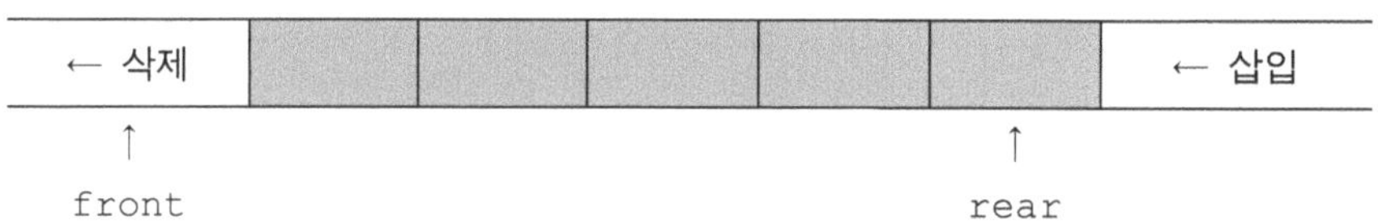

[그림 6-1] 큐의 모습과 기본 용어

- 자료의 삽입이 일어나는 곳을 rear라고 한다. 나중에 프로그램 작성의 편의 상 rear는 큐에 가장 최근에 삽입된 자료의 위치(저장된 자료 중 맨 마지막 자료의 위치)로 정의한다.
- 자료의 삭제가 일어나는 곳을 front라고 한다. 이 역시 나중에 프로그램 작성의 편의를 위해 큐에서 가장 최근에 삭제된 자료의 위치(저장된 자료 중 맨 처음 자료 전의 위치)로 정의한다.
- 맨 먼저 입력된 자료가 맨 먼저 나가는(혹은 서비스 받는) 형태이기 때문에 First-In First-Out(FIFO), 혹은 FIFS(First-In First-Service(FIFS) 형태의 자료 처리 구조라고 말한다.
- enQueue : (rear의 다음 위치에) 큐에 자료를 삽입하는 연산을 말한다.
- deQueue : (front 위치 다음의 자료를) 큐에서 삭제하는 연산

- 앞의 스택에서도 그렇지만 큐에서도 중간 위치에서는 삽입이나 삭제가 일어날 수 없다. (이런 점이 리스트와는 다른 점이다.)

2 | 큐의 구현 방법

큐를 구현하는 방법도 앞 스택을 구현하는 방법에서와 똑같이 1차원 배열을 이용하는 정적(static) 구현 방법과, 연결 리스트(Linked List)를 이용하는 동적(dynamic) 구현 방법 2가지를 생각할 수 있는데, 스택에서와 마찬가지로 1차원 배열을 이용하는 정적인 방법을 사용하게 되면, 큐에 저장할 수 있는 자료의 최대 개수가 제한되게 될 것이고, 연결 리스트를 구현하는 방법과 같이 동적 구현 방법을 사용하게 되면, 최대 자료 개수의 제한은 없어지게 된다. 이것도 어떤 프로그램을 작성할 것인가에 따라 선택하면 된다.

3 | 큐의 동작 과정 이해하기

1차원 배열을 큐 구현의 기본 자료로 사용하는 정적인 큐 구현에서 큐의 동작 과정을 이해해보자. 편의를 위하여 최대 10개 방을 가지는 1차원 배열을 이용하여 큐를 구현하는 것으로 가정한다.(n= 10)

① 최초 공백 상태의 큐 모습

: 최초 공백 상태는 큐로 사용할 배열과 front = -1, rear = -1의 초기값 상태이다.

[0]	[1]	[2]	[3]	[4]	[5]	[6]	[7]	[8]	[9]

`front, rear = -1`

② 자료 A를 삽입한다면,

: 먼저, 현재 rear값이 n-1인지 검사하고(큐가 꽉 찼는지 검사), 아니면, rear 값을 1 증가하고, 그 위치에 자료 A를 삽입한다.

[0]	[1]	[2]	[3]	[4]	[5]	[6]	[7]	[8]	[9]
A									

`front=-1  rear=0`

③ 자료 B를 삽입한다면,

: 역시 현재 rear 값이 n-1인지 검사하고, 아니면 rear 값을 1 증가하고, 그 위치에 자료 B를 삽입한다.

[0]	[1]	[2]	[3]	[4]	[5]	[6]	[7]	[8]	[9]
A	B								

`front=-1    rear=1`

④ 삭제한다면, (A가 삭제될 것이다.)

: 먼저, front == rear 검사하고(큐가 비어 있는지 검사), 아니면, front 값을 1 증가하고, front 위치의 자료를 삭제

[0]	[1]	[2]	[3]	[4]	[5]	[6]	[7]	[8]	[9]
	B								

`front=0  rear=1`

⑤ 또, 삭제한다면, (B가 삭제될 것이다.)

: 먼저, front == rear 검사하고, 아니면, front 값을 1 증가하고, front 위치의 자료를 삭제

[0]	[1]	[2]	[3]	[4]	[5]	[6]	[7]	[8]	[9]

```
front=1  rear=1
```

⑥ 또, 삭제한다면,

: 먼저, front == rear 검사하고 큐가 비어 있으므로 삭제하지 못한다.

[0]	[1]	[2]	[3]	[4]	[5]	[6]	[7]	[8]	[9]

```
front=1  rear=1
```

4 | 큐를 구현하는 프로그램

4.1 배열을 이용하여 정적으로 구현한 큐 프로그램 예제

- 위 설명에서와 같이 문자 A, B, C, ... 등이 임의로 삽입, 삭제가 일어나는 경우를 예제 프로그램으로 구현해 보자.

[프로그램 6-1] 큐 구현의 예제(queue1.c)

```
#include <stdio.h>
#include <stdlib.h>
```

```
#define MAX 10 // 큐의 크기

char queue[MAX]; // 큐
int front = -1; // 큐에서 가장 마지막에 삭제한 자료 위치
int rear = -1; // 큐에서 가장 최근에 삽입한 자료 위치

void enqueue(char t) // 큐에 삽입 함수
{
   if(rear == (MAX -1)) // 큐가 다 찼다! 삽입할 수 없음.
   {
      printf("\n 큐가 꽉 찼습니다.\n");
      return;
   }
   else
      queue[++rear] = t; // 큐에 보관
}

char dequeue()  // 큐에서 삭제 함수
{
   if(front == rear) // 큐가 비어 있다.
      return '@'; // 스택이 비어 있으면 '@'를 리턴하는 것으로 함.
   else
      return (queue[++front]); // 큐에서 1개 자료 삭제
}

void prn()
{
   int i;

   printf("\n      --------------현재 큐의 모습----------------\n");
   printf("          ");
   for(i=0; i < MAX; i++)
```

```
        printf("[%d] ", i);
    printf("\n");
    printf("        ");
    for(i=0; i <= front; i++)
        printf("%4c", ' ');
    for(i=front+1; i<=rear; i++)
        printf("%4c", queue[i]);
    printf("\n       --------front=%d-------------------rear
                                        =%d-------\n",front, rear);
}

void main()
{
    int choice;
    char data; // 삽입할 자료 이름(A, B, C, ... 등
    char result; // // 삭제한 자료 보관용

    printf("       ------- front=%d 현재는 큐에 자료가 없습니다.
                   ---rear=%d------\n", front, rear);

    do
    {
        choice = 0;
        printf("\n\n원하는 작업 선택 : 1-enQ(삽입), 2-deQ(삭제), 3-큐출력,
                                    4-프로그램 끝내기 : ");
        scanf("%d", &choice);
        getchar();
        switch(choice)
        {
        case 1:
            printf("\n삽입할 문자를 입력하세요 : ");
            scanf("%c", &data);
```

```
            getchar();
            enqueue(data); // 삽입 함수 호출
            prn(); // 현재 리스트 내용 전체 출력하기
            break;
         case 2:
            result = dequeue(); // 삭제 함수 호출
            if(result != '@') // 큐에서 정상적으로 삭제한 경우
               printf("\n삭제된 자료는 %c 입니다.\n", result);
            else
               printf("\n큐가 비어 있습니다.\n");
                          // 큐가 비어 있으면 '@'를 리턴하는 것으로 약속.
            prn(); // 현재 큐 내용 전체 출력하기
            break;
         case 3:
            prn(); // 현재 큐 내용 전체 출력하기
            break;
         case 4:
         default:
            printf("프로그램이 끝났습니다.\n");
            exit(0);
         }
      } while(1); // 무한반복
   }
```

설명

최대 10개까지의 자료를 큐에 저장하고, 삭제하는 모습을 프로그램을 통해서 확인할 수 있다.

4.2 위에서 구현한 큐의 문제점과 해결책

위에서 구현한 큐 프로그램을 실행해 보면 알겠지만, 큐에서 삭제가 여러 번 일어나면, 큐의 앞 쪽 방들이 비게 된다. 그렇게 삽입과 삭제를 진행하다가 보면 front와 rear 값이 1씩 계속 증가하게 되고, 따라서 언젠가 rear 값이 n-1(배열의 맨 마지막 방까지 삽입된 상태)에 이르게 될 것이다. 만약에 그 사이에 삭제 연산도 일어났다면 front도 증가하게 되고, 따라서 큐의 앞쪽 방들이 비어 있게 될 것인데, 이렇게 비어 있는 방들이 있음에도 불구하고, 새로운 삽입 연산 시, "큐가 꽉 차 있습니다."라는 메시지와 더불어 더 이상 큐에 삽입하게 되지 못하는 경우가 발생하게 된다. 아래 [그림 6-2]가 그런 모습을 보여주고 있다.

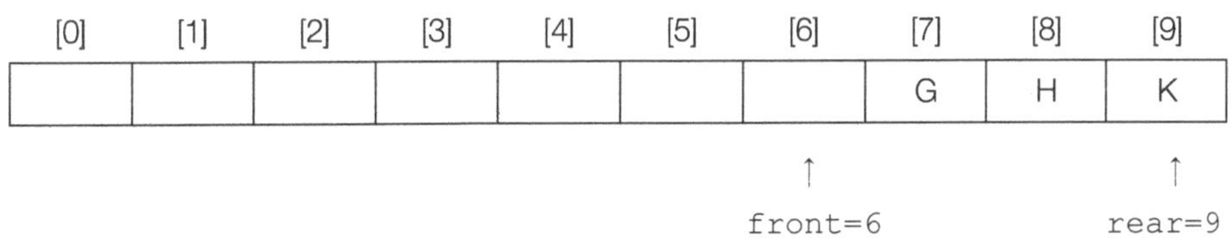

[그림 6-2] 앞의 방이 비어 있음에도 불구하고 더 이상 삽입하지 못하는 모습의 큐

이를 해결하는 방법 중 하나는 큐의 뒤쪽에 위치한 자료들을 앞쪽으로 옮기고 front와 rear 값을 재조정하는 것을 생각할 수 있다. 그러나 이 방법은 자료를 앞 쪽으로 옮겨야 하는 것이 프로그램의 효율성을 떨어뜨리기 때문에 권장할 만한 방법은 되지 못한다.

또 다른 방법은, 위 그림을 예로 보면 9번 방('K') 다음 방이 [0] 방이라고 생각하는 것이다. 어차피 현재 [0] ~ [6] 방이 비어 있기 때문에 이를 다시 활용하자는 의미이다. 이와 같이 일반적인 큐의 맨 마지막 방 다음에 다시 맨 처음 방이 있다고 생각하는 형태의 큐를 원형 큐라고 한다. 원형 큐에 대해서는 조금 후에 살펴보자.

또 하나의 방법은 큐를 앞에서 학습했던 연결 리스트를 이용해 동적으로 구현하는 방법이다. 삽입 시에는 노드를 할당받아 rear 위치에 연결하고, 삭제 시에는 front 위치에서 노드를 삭제하면, 큐는 항상 자료들을 가지는 노드들로만 구성되니까 위와 같은 경우를 해결할 수가 있다. 이에 대해서도 조금 후에 살펴보자.

4.3 원형 큐

원형 큐란 아래 [그림 6-3]과 같이 큐의 맨 마지막 방 다음에 다시 첫 번째 방이 있는 것으로 생각하는 큐이다.

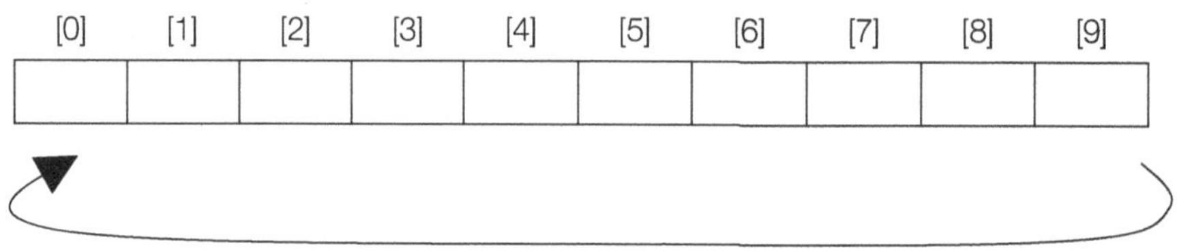

[그림 6-3] 원형 큐의 모습

원형 큐에서는

- rear : 큐에 가장 최근에 삽입된 자료의 위치(저장된 자료 중 맨 마지막 자료의 위치)
- front : 큐에서 가장 최근에 삭제된 자료의 위치(저장된 자료 중 맨 처음 자료 전의 위치). (→ 앞의 정의와 같다.)
- 최초 공백 상태의 큐 상태를 프로그램 작성의 편의를 위해, front=0, rear=0로 생각한다.
- 큐가 비어 있는 상태와 큐가 실제로 꽉 차 있는 상태를 구분하기 위해 빈 방을 항상 1개 유지한다.
- 새로 자료를 삽입할 위치는 rear = (rear+1)%n으로 계산한다.(%는 나머지 연산자)
- 자료를 삭제할 위치는 front = (front+1)%n으로 계산한다.
- front == rear 가 되면, 이는 큐가 비어 있다는 의미가 된다.
- (rear+1)%n == front가 되면, 큐가 꽉 차 있다는 의미가 된다.

원형 큐가 동작하는 과정을 이해하자.

① 최초 공백 상태의 큐 모습

: 최초 공백 상태는 큐로 사용할 배열과 front = 0, rear = 0의 초기값 상태이다.

[0]	[1]	[2]	[3]	[4]	[5]	[6]	[7]	[8]	[9]

`front, rear = 0`

② 자료 A를 삽입한다면,

[0]	[1]	[2]	[3]	[4]	[5]	[6]	[7]	[8]	[9]
	A								

`front=0  rear=1`

: 0번 방은 비워 두고 시작하게 된다.

③ 자료 B를 삽입한다면,

[0]	[1]	[2]	[3]	[4]	[5]	[6]	[7]	[8]	[9]
	A	B							

`front=0      rear=2`

④ 삭제한다면, (A가 삭제될 것이다.)

[0]	[1]	[2]	[3]	[4]	[5]	[6]	[7]	[8]	[9]
		B							

`front=1  rear=2`

⑤ 이와 같이 계속 진행하여 아래와 같은 상태가 되었을 때를 생각해 보자.

[0]	[1]	[2]	[3]	[4]	[5]	[6]	[7]	[8]	[9]
							L	M	N

`front=6          rear=9`

⑥ **자료 K를 삽입한다면,**

: rear = (rear+1)%10하여 삽입할 위치는 0이 된다.

[0]	[1]	[2]	[3]	[4]	[5]	[6]	[7]	[8]	[9]
K							L	M	N

rear=0 front=6

⑦ **이와 같이 진행하여 아래와 같은 상태를 생각해 보자.(현재 큐는 full이다.)**

[0]	[1]	[2]	[3]	[4]	[5]	[6]	[7]	[8]	[9]
K	Q	T	S	P	O		L	M	N

rear=5 front=6

: 이 상태에서 다시 자료를 삽입하려고 하면, (rear+1)%10 == front 이므로, 더 이상 자료를 삽입하지 못하게 된다.

⑧ **한편, 아래와 같은 상태를 생각해 보자.**

[0]	[1]	[2]	[3]	[4]	[5]	[6]	[7]	[8]	[9]
			G						

front=2 rear=3

: 이 상태에서 삭제를 하게 되면, front=(front+1)%10 위치, 즉 [3]방을 삭제하게 될 것이고, 결과적으로 front와 rear의 값이 같아진 상태가 된다.

[0]	[1]	[2]	[3]	[4]	[5]	[6]	[7]	[8]	[9]

front=3 rear=3

: 이 상태에서 다시 삭제를 하려고 하면, front = rear이므로 빈 상태의 큐임을 알 수 있게 된다.

4.3.1. 원형 큐를 구현하는 프로그램

- 어려울 것 같지만 위 일반 큐 프로그램에서 위의 내용만 조금 반영하면 구현할 수 있다.
- 자료 삭제 시, 삭제된 방의 내용을 공백 문자(' ')로 해 주는 이유는 단지 prn 함수를 쉽게 작성하기 위한 것이다.

[프로그램 6-2] 원형 큐 구현의 예제(queue2.c)

```
#include <stdio.h>
#include <stdlib.h>
#define MAX 10 // 큐의 크기

char queue[MAX]; // 큐
int front = 0; // 큐에서 가장 마지막에 삭제한 자료 위치
int rear = 0; // 큐에서 가장 최근에 삽입한 자료 위치

void enqueue(char t) // 큐에 삽입 함수
{
   if((rear+1)%MAX == front) // 큐가 다 찼다! 삽입할 수 없음.
   {
      printf("\n 큐가 꽉 찼습니다.\n");
      return;
   }
   else
   {
      rear = (rear+1)%MAX;
      queue[rear] = t; // 큐에 보관
   }
}

char dequeue()  // 큐에서 삭제 함수
```

```
{
   char r;
   if(front == rear) // 큐가 비어 있다.
      return '@'; // 스택이 비어 있으면 '@'를 리턴하는 것으로 함.
   else
   {
      front = (front+1)%MAX;
      r = queue[front];
      queue[front] = ' '; // 삭제한 내용을 공백으로 만들어 줌.
      return (r);
   }
}

void prn()
{
   int i;

   printf("\n       --------------현재 큐의 모습---------------\n");
   printf("          ");
   for(i=0; i < MAX; i++)
      printf("[%d] ", i);
   printf("\n");
   printf("        ");
   for(i=0; i <MAX; i++)
      printf("%4c", queue[i]);
   printf("\n   ---front=%d---------rear=%d----\n",front, rear);
}

void main()
{
   int choice;
   char data; // 삽입할 자료 이름(A, B, C, ... 등
```

```
        char result; // // 삭제한 자료 보관용

        printf("  ----- front=%d 현재는 큐에 자료가 없습니다.
                                ---rear=%d----\n", front, rear);

        do
        {
          choice = 0;
          printf("\n\n원하는 작업 선택 : 1-enQ(삽입), 2-deQ(삭제), 3-큐출력,
                                    4-프로그램 끝내기 : ");
          scanf("%d", &choice);
          getchar();
          switch(choice)
          {
          case 1:
            printf("\n삽입할 문자를 입력하세요 : ");
            scanf("%c", &data);
            getchar();
            enqueue(data); // 삽입 함수 호출
            prn(); // 현재 리스트 내용 전체 출력하기
            break;
          case 2:
            result = dequeue(); // 삭제 함수 호출
            if(result != 'Q') // 큐에서 정상적으로 삭제한 경우
              printf("\n삭제된 자료는 %c 입니다.\n", result);
            else
              printf("\n큐가 비어 있습니다.\n");
                    // 큐가 비어 있으면 '@'를 리턴하는 것으로 약속.
            prn(); // 현재 큐 내용 전체 출력하기
            break;
          case 3:
            prn(); // 현재 큐 내용 전체 출력하기
```

```
            break;
        case 4:
        default:
            printf("프로그램이 끝났습니다.\n");
            exit(0);
        }
    } while(1); // 무한반복
}
```

◆ 설명

이제 위 원형 큐 프로그램을 실행해 보면, 배열(큐)의 앞쪽 방들을 재활용하며 사용하는 모습을 볼 수 있을 것이다.

4.4. 연결리스트를 이용한 큐의 구현

연결리스트를 이용하여 동적인 큐를 구현할 수도 있다. 아래 [프로그램 6-3]은 동적인 큐를 구현하는 프로그램이다.

[프로그램 6-3] 동적으로 구현한 큐의 예제(queue3.c)

```
#include <stdio.h>
#include <stdlib.h>

// 아래 구조체 정의는 외부 변수와 똑같이 모든 함수에서 사용할 수 있는
// 구조체 정의이다.
struct Node // 큐를 형성할 노드 정의
{
    char val; // 큐에 보관할 값(문자 1개
    struct Node *next; // 자기 참조 포인터
};
```

```
struct Node q; // 빈 큐 정의
int count = 0; // 현재 리스트에 보관된 정보 개수, 초기에는 0이다.

struct Node *getnode() // 새로운 노드 공간을 동작할당으로 확보해 주는 함수
{                      // 동적으로 할당한 노드의 시작 주소를 반환해 준다.
   struct Node *p;
   p = (struct Node*)malloc(sizeof(struct Node));
   return(p);
}

void retnode(struct Node* ptr)
{
   free(ptr); // 동적 할당 반환
}

void enqueue(char item) // 큐에 삽입 함수
{
   struct Node *ptr; // 새로 할당받을 동적 노드 주소를 보관할 구조체 포인터
   // 맨 앞에 새로운 노드를 삽입함.
   ptr = getnode(); // 빈 노드 동적할당 받음
   ptr->val = item;  // 노드에 등록할 문자 저장함.
   ptr->next = q.next; // 링크 조정 작업
   q.next = ptr;
   count = count + 1;
}

char dequeue() // 큐에서 삭제 함수
{
   int i;
   struct Node *current, *previous; // 작업용 포인터
   current = q.next;
```

```
        previous = &q;

        if(q.next == NULL) // 큐가 비어 있음
        {
            printf("큐가 비어 있습니다.");
            return('@');
        }
        else // 큐가 비어 있지 않은 경우
        {
             for(i=1;i<count;i++)
             {
                 previous = current;
                 current = current->next;
             }
         }
         previous->next = NULL;
         retnode(current); // 노드 반환
         count = count - 1;
    }

    void prn() // 현재 등록되어 있는 자료 전체 출력하기
    {
        int i;
        struct Node *current = q.next;
        if(count == 0)
        {
           printf("\n----- 현재 큐가 비어 있습니다.. -----\n\n");
           return;
        }
        printf("\n----- 현재 큐의 내용은 아래와 같습니다. -----\n\n");
        for(i = 0; i < count; i++)
        {
```

```
        printf("%c  ", current->val);
        current = current->next;
    }
    printf("\n-----------------------------------------\n\n");
}

void main()
{
    int choice;
    char item; // 삽입할 자료 입력받는 용도
    int i;
    char result;

    q.next = NULL; // 최초 빈 리스트를 만듬
    printf("현재는 등록된 자료가 없습니다.\n");

    do
    {
        choice = 0;
        printf("\n\n원하는 작업 선택 : 1-enQ(삽입), 2-deQ(삭제), 3-큐출력,
                                                4-프로그램 끝내기 : ");
        scanf("%d", &choice);
        getchar();
        switch(choice)
        {
        case 1:
            printf("\n삽입할 문자를 입력하세요 : ");
            scanf("%c", &item);
            getchar();
            enqueue(item); // 삽입 함수 호출
            prn(); // 현재 큐 내용 전체 출력하기
            break;
```

```
            case 2:
               result = dequeue(); // 삭제 함수 호출
               if(result != 'Q') // 큐에서 정상적으로 삭제한 경우
                  printf("\n삭제된 자료는 %c 입니다.\n", result);
               else
                  printf("\n큐가 비어 있습니다.\n");
                            // 큐가 비어 있으면 '@'를 리턴하는 것으로 약속.
               prn(); // 현재 큐 내용 전체 출력하기
               break;
            case 3:
               prn(); // 현재 큐 내용 전체 출력하기
               break;
            case 4:
            default:
               printf("프로그램이 끝났습니다.\n");
               exit(0);
            }
         } while(1); // 무한반복
      }
```

◆ 설명

이제 큐를 동적으로 구현하였기 때문에, 개수의 제한이 없이 큐에 삽입, 삭제를 할 수 있을 것이다.

연습문제
Data Structure Exercises

1. 리스트 자료구조와 비교하여 큐 자료구조는 어떤 점에서 다른 모습을 보이는 자료구조인가?

2. 큐와 관련된 용어들인 front, rear, enqueue, dequeue 용어들의 뜻을 간단히 설명하라.

3. FIFO는 무엇의 약자인가?

4. 배열을 이용하여 큐를 구현하였을 때의 문제점은 무엇이며, 이를 해결하는 방법들 3가지를 간단히 설명하라.

5. 일반 큐에서는 front = -1, rear = -1의 초기 값을 가지는데 비해 원형 큐에서는 front = 0, rear = 0의 초기 값을 가지는데 왜 초기 값을 그렇게 가지는지 간단히 설명하라.

6. 동적할당을 이용한 연결리스트 형태의 큐 구현이 가지는 장점은 무엇인지 간단히 설명하라.

CHAPTER

07

비선형 자료구조 - 트리(Tree)

1 | 비선형 자료구조

지금까지 리스트, 스택, 큐 자료구조를 살펴봤는데, 이들은 기본적으로 자료들을 일렬로 구성하는 선형 자료구조라는 공통점이 있었다.

이에 비해 앞으로 살펴볼 트리(Tree), 그래프(Graph) 자료구조는 비선형 자료구조이다. 즉, 자료를 일렬로 구성하는 형태가 아닌 자료구조란 의미이다. 이에 대해 살펴보자.

1.1 트리의 기본 개념

트리는 비선형(non-linear) 자료 구조이다. 즉, 자료들의 관계가 일렬로 나열된 형태가 아닌 계층 구조를 이루는 형태이다. 회사의 조직도를 표현한다거나, 가족관계를 나타낸다든가와 같이 계층구조를 가지는 자료들을 표현하는데 유용한 자료구조다.

1.2 트리의 모습과 기본 용어들

아래의 [그림 7-1]의 모습이 트리의 모습이다. 흡사 나무를 거꾸로 표현한 모습과 비슷하다고 해서 트리라고 부르는 것이다.

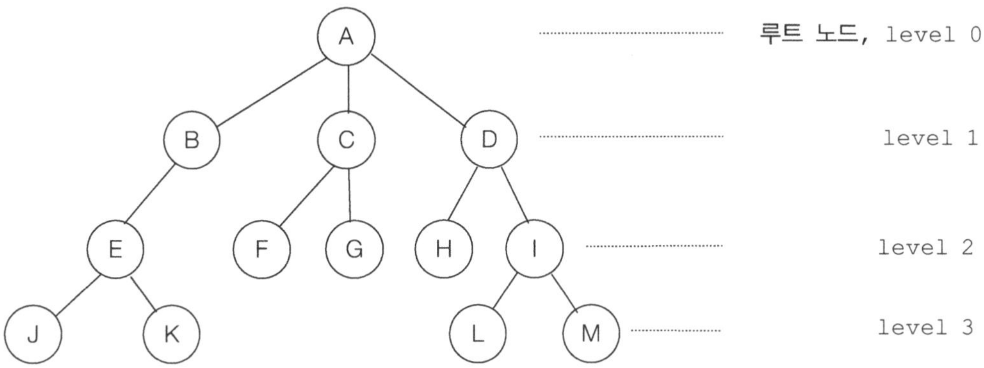

[그림 7-1] 일반적 트리의 모습

- 자료를 표현하는 한 단위를 **노드**(node)라고 부른다.(위 그림에서 원으로 표현된 것)
- 노드와 노드간의 관계를 나타내는(노드와 노드를 연결하는) 선을 간선(edge)이라고 부른다.
- 트리의 맨 처음 시작 노드를 **루트 노드**(root node)라고 부른다.
- 노드간의 상하관계에서 위 노드를 **부모 노드**(parent node), 아래 노드를 자식 **노드**(child node)라고 부른다. 예를 들어 위 그림에서 C 노드가 부모 노드라면 자식 노드는 F, G 이다.
- 같은 부모 노드 아래 자식 노드들을 **형제 노드**(sibling nodes)라고 부른다. 예를 들어 위 그림에서 F와 G는 형제 노드이다.
- 자식이 없는 노드를 **단말 노드**(terminal node) 혹은 **리프 노드**(leaf node)라고 부른다. 예를 들어 위 그림에서 J, K, F, G, H, L, M은 단말 노드이다. 자식이 있는 노드는 **비단말 노드**(non-terminal node)라고 부른다.
- 특정한 노드로부터 루트 노드까지 거슬러 올라가는 경로 상의 노드들을 **조상 노드**(ancestor nodes)라고 부른다. 예를 들어 위 그림에서 J 노드의 조상 노드들은 E, B, A이다.
- 루트 노드의 위치를 **레벨** 0(level 0)라고 부르며 한 단계씩 아래 노드로 내려오면서 레벨이 1씩 증가하는 것으로 생각한다.
- 어느 특정 노드의 자식 수(즉, 간선의 수)를 그 노드의 **차수**(degree)라고 부른다. 예를

들어 위 그림에서 A 노드의 차수는 3이다. 단말 노드는 차수가 0인 노드인 것이다.

- 루트 노드로부터 특정한 노드까지 연결되는 간선의 수를 그 노드의 높이(height)라고 부른다. 예를 들어 위 그림에서 E 노드의 높이는 2이다. 또 트리 전체에서 가장 높은 레벨이 그 트리 전체의 높이가 된다. 예를 들어 위 그림의 트리는 높이가 3이다.
- 트리의 일부분만 따로 떼어 내어 생각할 때, 이를 서브트리(subtree)라고 부른다. 예를 들어 위 그림에서 E, J, K 만 따로 생각하면 서브트리인 것이다.
- 범위를 좀 넓혀 여러 개의 트리들을 한꺼번에 생각하면 이를 숲(forest)이라고 부른다.

1.3 이진 트리(Binary Tree)

이진 트리란 트리의 모든 노드의 차수가 2 이하로만 되어 있는 트리를 말한다. 아래 [그림 7-2]는 이진트리의 모습을 보여주고 있다.

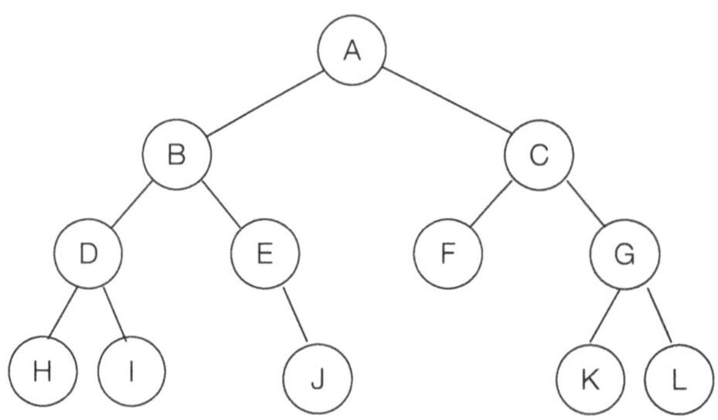

[그림 7-2] 이진 트리의 모습

우리가 배우는 여러 자료구조들은 결국 최종적으로 프로그램으로 표현하는 것을 생각하게 되는데, 위에서 학습한 일반 트리를 프로그램으로 구현하기가 불가능한 것은 아니지만, 여러모로 번거롭기 때문에 실제 프로그램에서는 이진 트리를 많이 활용한다. 더구나 일반 트리를 이진 트리로 변환할 수 있기 때문에 더욱 프로그램에서는 이진 트리를 많이 다루게 된다. 일반 트리를 이진 트리로 변환하는 방법은 잠시 후에 살펴보기로 하고, 이진 트리의 종류에 대하여 잠시 정리하도록 하자.

1.3.1 이진 트리의 종류

이진 트리는 높이와 노드 수의 관계에 따라 포화 이진 트리(Full Binary Tree), 완전 이진 트리(Complete Binary Tree), 편향 이진 트리(Skewed Binary Tree) 등으로 나누어 생각할 수 있다.

- 포화 이진 트리(Full Binary Tree) : 모든 레벨에 노드들이 꽉 차 있는 모습의 이진 트리를 말한다. 포화 완전 이진 트리의 레벨이 h라면 노드의 개수는 $(2^{h+1}-1)$ 개다. 예를 들어 아래 [그림 7-3]의 포화 이진 트리는 레벨이 3이므로 총 15개의 노드를 가진다. 이진 트리에서는 편의 상 노드에 번호를 붙여 구분하는데 아래 그림과 같이 포화 이진 트리에 대해서 루트 노드로부터 레벨별로 1, 2, ... 과 같이 노드 번호를 붙인다.

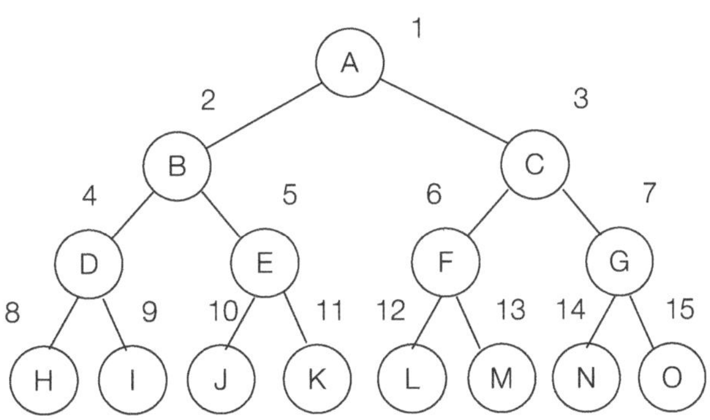

[그림 7-3] 포화 이진 트리의 모습

- 완전 이진 트리(Complete Binary Tree) : 완전 이진 트리는 맨 마지막 레벨의 노드들 중 오른쪽 노드들 일부가 연속으로 비어 있는 형태를 말한다. 트리의 높이가 h, 노드의 개수가 n개라면 (n+1)부터 $(2^{h+1}-1)$번의 노드가 비어 있는 형태인 것이다. 아래 [그림 7-4]가 완전 이진 트리의 모습을 보여주고 있는데, 점선으로 표현된 부분이 실제는 없는 부분이라 생각하면 된다.

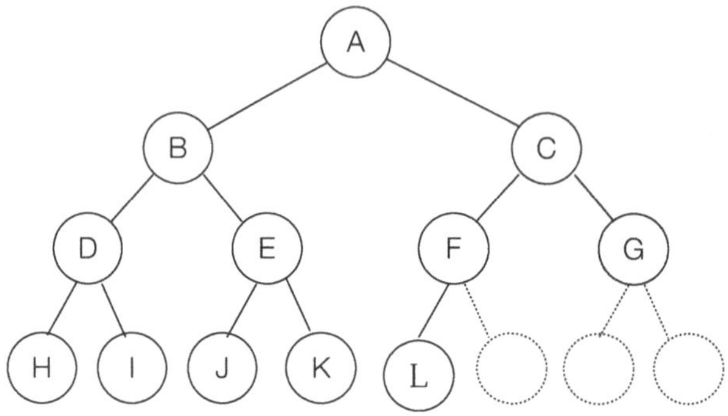

[그림 7-4] 완전 이진 트리의 모습

- 편향 이진 트리(Skewed Binary Tree) : 노드가 오른쪽 혹은 왼쪽 방향으로만 있는 이진 트리를 말한다. 각각 왼쪽 편향, 오른쪽 편향 이진 트리라고 부른다. 아래 [그림 7-5]가 편향 이진 트리의 모습을 보여주고 있다.

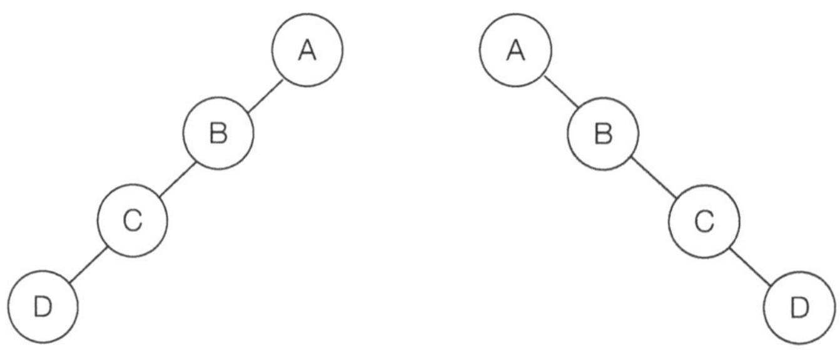

[그림 7-5] 편향 이진 트리의 모습

1.4 일반 트리를 이진 트리로 변환하는 방법

보통 프로그램에서는 이진 트리를 주로 다룬다고 하였다. 따라서 일반 트리를 이진 트리로 변환하는 방법이 필요한데 이에 대해 알아보기로 하자. 아래 [그림 7-6]과 같은 일반 트리를 예로 살펴보면,

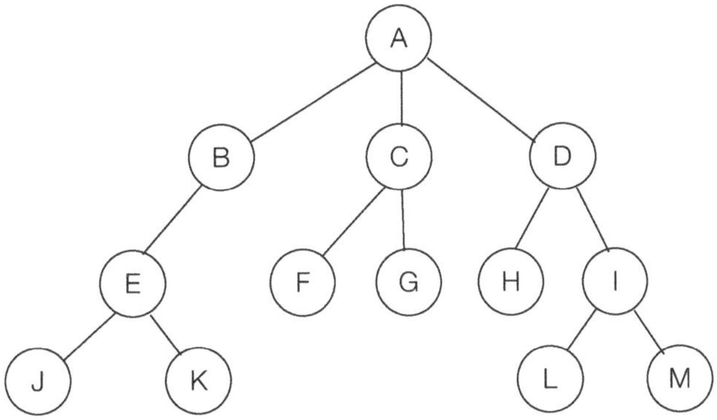

[그림 7-6] 일반 이진 트리

방법은,

① 부모 노드의 가장 왼쪽 자식 노드는 그냥 부모 노드의 왼쪽 자식 노드가 된다.

② 가장 왼쪽 자식 노드가 아닌 다른 노드들은 차례대로 왼쪽 자식 노드의 오른쪽 자식 노드로 만든다.

③ 위 과정을 루트 노드로부터 진행하면 아래 [그림 7-7]과 같이 이진 트리로 변환할 수 있다.

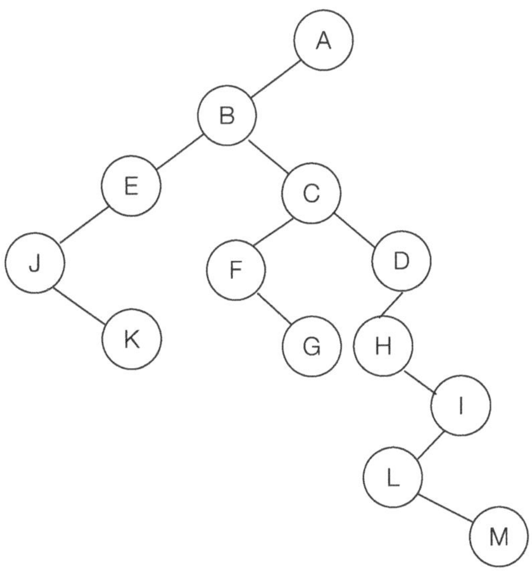

[그림 7-7] 변환된 이진 트리의 모습

2 | 이진 트리에서 할 수 있는 연산

이진 트리에 일단 자료들이 보관되어 있다고 할 때, 이진 트리에서 할 수 있는 가장 기본적인 연산은 ① 이진 트리에 노드를 삽입하는 연산, ② 이진 트리에서 특정 노드를 삭제하는 연산, ③이진 트리의 각 노드를 한 번씩 빠짐없이 방문하는 연산(행위) - 이를 순회(Traversal, 운행)라고 한다. 그리고 ④ 특정값을 가지는 노드가 이진 트리에 존재하는지 알아보는 탐색 연산 등을 생각할 수 있다.

노드의 삽입, 삭제 연산에 대해서는 나중 예제 프로그램을 통해서 알아보기로 하고, 먼저 트리의 운행법에 대해서 알아보자.

2.1 트리의 운행법

이진 트리에서는 어느 임의의 노드를 기준으로 생각했을 때, 왼쪽 자식, 오른쪽 자식에 대한 서브트리가 있을 수 있으므로, 모든 노드를 방문하는 연산에 대해 아래와 같은 3가지 기본 작업을 생각할 수 있다.

① 해당 노드의 자료를 처리(예를 들면 읽기 작업) 작업 : D
② 해당 노드의 왼쪽 서브트리를 방문하는 작업 : L
③ 해당 노드의 오른쪽 서브트리를 방문하는 작업 : R

위 3가지 작업에서 왼쪽 서브트리를 오른쪽 서브트리보다 항상 먼저 방문한다고 생각하고, 데이터 작업을 언제 하느냐를 생각하면 3가지 순회 방법을 생각할 수 있다. 즉, D-L-R, L-D-R, L-R-D 작업 순서가 그것이다. 이를 각각 전위 순회법(preorder traversal), 중위 순회법(inorder traversal), 후위 순회법(postorder traversal)이라고 부른다.

아래의 [그림 7-8] 이진 트리에 대하여, 각각의 순회법을 생각해 보자. 점선으로 표현된 노드들은 설명을 위한 것으로, 실제는 없는 노드들이다.

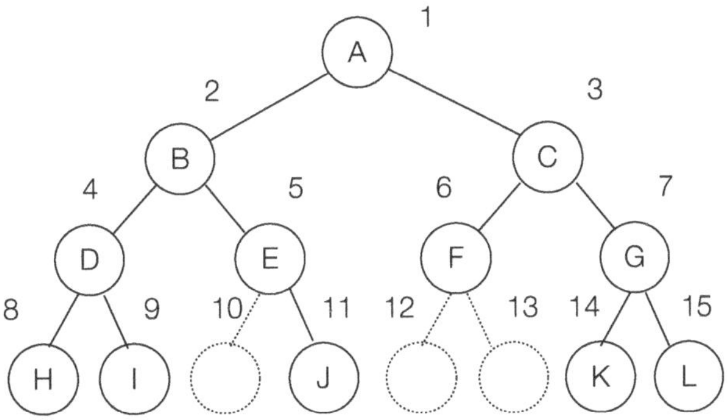

[그림 7-8] 순회법 설명을 위한 예제 이진 트리

2.1.1 전위 순회법 운행(D-L-R)

루트 노드로부터 시작하여

① 자료 A를 읽고, A

② 왼쪽 서브트리를 다시 전위 순회법으로 방문한다.

ⓐ 자료 B를 읽고, A B

ⓑ 왼쪽 서브트리를 다시 전위 순회법으로 방문한다.

㉠ 자료 D를 읽고, A B D

㉡ 왼쪽 서브트리를 다시 전위 순회법으로 방문한다.

㉮ 자료 H를 읽고, A B D H

㉯ 왼쪽 서브트리를 다시 전위 순회법으로 방문한다.(더 이상 없으므로 중단)

㉰ 오른쪽 서브트리를 다시 전위 순회법으로 방문한다.(더 이상 없으므로 중단)

㉢ 오른쪽 서브트리를 다시 전위 순회법으로 방문한다.

㉮ 자료 I를 읽고, A B D H I

㉯ 왼쪽 서브트리를 다시 전위 순회법으로 방문한다.(더 이상 없으므로 중단)

㉰ 오른쪽 서브트리를 다시 전위 순회법으로 방문한다.(더 이상 없으므로 중단)

ⓒ 오른쪽 서브트리를 다시 전위 순회법으로 방문한다.

㉠ 자료 E를 읽고, A B D H I E

㉡ 왼쪽 서브트리를 다시 전위 순회법으로 방문한다.(더 이상 없으므로 중단)

㉢ 오른쪽 서브트리를 다시 전위 순회법으로 방문한다.

㉮ 자료 J를 읽고, A B D H I E J

㉯ 왼쪽 서브트리를 다시 전위 순회법으로 방문한다.(더 이상 없으므로 중단)

㉰ 오른쪽 서브트리를 다시 전위 순회법으로 방문한다.(더 이상 없으므로 중단)

③ 오른쪽 서브트리를 다시 전위 순회법으로 방문한다.

ⓐ 자료 C를 읽고, A B D H I E J C

ⓑ 왼쪽 서브트리를 다시 전위 순회법으로 방문한다.

㉠ 자료 F를 읽고, A B D H I E J C F

㉡ 왼쪽 서브트리를 다시 전위 순회법으로 방문한다.(더 이상 없으므로 중단)

㉢ 오른쪽 서브트리를 다시 전위 순회법으로 방문한다.(더 이상 없으므로 중단)

ⓒ 오른쪽 서브트리를 다시 전위 순회법으로 방문한다.

㉠ 자료 G를 읽고, A B D H I E J C F G

㉡ 왼쪽 서브트리를 다시 전위 순회법으로 방문한다.

㉮ 자료 K를 읽고, A B D H I E J C F G K

㉯ 왼쪽 서브트리를 다시 전위 순회법으로 방문한다.(더 이상 없으므로 중단)

㉰ 오른쪽 서브트리를 다시 전위 순회법으로 방문한다.(더 이상 없으므로 중단)

㉢ 오른쪽 서브트리를 다시 전위 순회법으로 방문한다.

㉮ 자료 L을 읽고, A B D H I E J C F G K L

㉯ 왼쪽 서브트리를 다시 전위 순회법으로 방문한다.(더 이상 없으므로 중단)

㉰ 오른쪽 서브트리를 다시 전위 순회법으로 방문한다.(더 이상 없으므로 중단)

최종 방문 결과는 A B D H I E J C F G K L 이다.

2.1.2 중위 순회법 운행(L-D-R)

루트 노드로부터 시작하여

① 왼쪽 서브트리를 다시 중위 순회법으로 방문한다.

ⓐ 왼쪽 서브트리를 다시 중위 순회법으로 방문한다.

㉠ 왼쪽 서브트리를 다시 중위 순회법으로 방문한다.

㉮ 왼쪽 서브트리를 다시 중위 순회법으로 방문한다.(더 이상 없으므로 중단)

㉯ 자료 H를 읽고, H

㉰ 오른쪽 서브트리를 다시 중위 순회법으로 방문한다.(더 이상 없으므로 중단)

㉡ 자료 D를 읽고, H D

㉢ 오른쪽 서브트리를 다시 중위 순회법으로 방문한다.

㉮ 왼쪽 서브트리를 다시 중위 순회법으로 방문한다.(더 이상 없으므로 중단)

㉯ 자료 I를 읽고, H D I

㉰ 오른쪽 서브트리를 다시 중위 순회법으로 방문한다.(더 이상 없으므로 중단)

ⓑ 자료 B를 읽고, H D I B

ⓒ 오른쪽 서브트리를 다시 중위 순회법으로 방문한다.

㉠ 왼쪽 서브트리를 다시 중위 순회법으로 방문한다.(더 이상 없으므로 중단)

㉡ 자료 E를 읽고, H D I B E

㉢ 오른쪽 서브트리를 다시 중위 순회법으로 방문한다.

㉮ 왼쪽 서브트리를 다시 중위 순회법으로 방문한다.(더 이상 없으므로 중단)

㉯ 자료 J를 읽고, H D I B E J

㉰ 오른쪽 서브트리를 다시 중위 순회법으로 방문한다.(더 이상 없으므로 중단)

② 자료 A를 읽고, H D I B E J A

③ 오른쪽 서브트리를 다시 중위 순회법으로 방문한다.

ⓐ 왼쪽 서브트리를 다시 중위 순회법으로 방문한다.

㉠ 왼쪽 서브트리를 다시 중위 순회법으로 방문한다.(더 이상 없으므로 중단)

㉡ 자료 F를 읽고, H D I B E J A F

㉢ 오른쪽 서브트리를 다시 중위 순회법으로 방문한다.(더 이상 없으므로 중단)

ⓑ 자료 C를 읽고, H D I B E J A F C

ⓒ 오른쪽 서브트리를 다시 중위 순회법으로 방문한다.

㉠ 왼쪽 서브트리를 다시 중위 순회법으로 방문한다.(더 이상 없으므로 중단)

㉮ 왼쪽 서브트리를 다시 중위 순회법으로 방문한다.(더 이상 없으므로 중단)

㉯ 자료 K를 읽고, H D I B E J A F C K

㉰ 오른쪽 서브트리를 다시 중위 순회법으로 방문한다.(더 이상 없으므로 중단)

㉡ 자료 G를 읽고, H D I B E J A F C K G

㉢ 오른쪽 서브트리를 다시 중위 순회법으로 방문한다.

㉮ 왼쪽 서브트리를 다시 중위 순회법으로 방문한다.(더 이상 없으므로 중단)

㉯ 자료 L을 읽고, H D I B E J A F C K G L

㉰ 오른쪽 서브트리를 다시 중위 순회법으로 방문한다.(더 이상 없으므로 중단)

최종 방문 결과는 H D I B E J A F C K G L 이다.

2.1.3 후위 순회법 운행(L-R-D)

루트 노드로부터 시작하여

① 왼쪽 서브트리를 다시 후위 순회법으로 방문한다.

ⓐ 왼쪽 서브트리를 다시 중위 순회법으로 방문한다.

㉠ 왼쪽 서브트리를 다시 중위 순회법으로 방문한다.

㉮ 왼쪽 서브트리를 다시 중위 순회법으로 방문한다.(더 이상 없으므로 중단)

㉯ 오른쪽 서브트리를 다시 중위 순회법으로 방문한다.(더 이상 없으므로 중단)

㉰ 자료 H를 읽고, H

㉡ 오른쪽 서브트리를 다시 중위 순회법으로 방문한다.

㉮ 왼쪽 서브트리를 다시 중위 순회법으로 방문한다.(더 이상 없으므로 중단)

㉯ 오른쪽 서브트리를 다시 중위 순회법으로 방문한다.(더 이상 없으므로 중단)

㉰ 자료 I를 읽고, H I

㉢ 자료 D를 읽고, H I D

ⓑ 오른쪽 서브트리를 다시 중위 순회법으로 방문한다.

㉠ 왼쪽 서브트리를 다시 중위 순회법으로 방문한다.(더 이상 없으므로 중단)

㉡ 오른쪽 서브트리를 다시 중위 순회법으로 방문한다.

㉮ 왼쪽 서브트리를 다시 중위 순회법으로 방문한다.(더 이상 없으므로 중단)

㉯ 오른쪽 서브트리를 다시 중위 순회법으로 방문한다.(더 이상 없으므로 중단)

㉰ 자료 J를 읽고, H I D J

㉢ 자료 E를 읽고, H I D J E

ⓒ 자료 B를 읽고, H I D J E B

② 오른쪽 서브트리를 다시 후위 순회법으로 방문한다.

ⓐ 왼쪽 서브트리를 다시 중위 순회법으로 방문한다.

㉠ 왼쪽 서브트리를 다시 중위 순회법으로 방문한다.(더 이상 없으므로 중단)

㉡ 오른쪽 서브트리를 다시 중위 순회법으로 방문한다.(더 이상 없으므로 중단)

㉢ 자료 F를 읽고, H I D J E B F

ⓑ 오른쪽 서브트리를 다시 중위 순회법으로 방문한다.

㉠ 왼쪽 서브트리를 다시 중위 순회법으로 방문한다.

㉮ 왼쪽 서브트리를 다시 중위 순회법으로 방문한다.(더 이상 없으므로 중단)

㉯ 오른쪽 서브트리를 다시 중위 순회법으로 방문한다.(더 이상 없으므로 중단)

㉰ 자료 K를 읽고, H I D J E B F K

㉡ 오른쪽 서브트리를 다시 중위 순회법으로 방문한다.

㉮ 왼쪽 서브트리를 다시 중위 순회법으로 방문한다.(더 이상 없으므로 중단)

㉯ 오른쪽 서브트리를 다시 중위 순회법으로 방문한다.(더 이상 없으므로 중단)

㉰ 자료 L을 읽고, H I D J E B F K L

㉢ 자료 G를 읽고, H I D J E B F K L G

ⓒ 자료 C를 읽고, H I D J E B F K L G C

③ 자료 A를 읽고, H I D J E B F K L G C A

최종 방문 결과는 H I D J E B F K L G C A 이다.

3 | 이진 트리의 구현

앞에서 우리는 리스트나 스택, 큐를 구현할 때 배열을 이용하는 정적인 방법 - 자료구조의 최대 크기가 정해져 있는 방법 - 과 구조체, 동적 할당을 이용하는 동적인 방법 - 자료구조의 최대 크기가 정해져 있지 않고 필요한 만큼 만들 수 있는 방법 - 두가지 형태로 구현할 수 있음을 살펴보았다.

이진 트리도 배열을 이용하는 정적인 구현하는 방법과 구조체, 동적 할당을 이용하는 동적인 구현 방법 두 가지 형태를 생각할 수 있다.

3.1 배열을 이용하는 정적 구현 1

이진 트리에서는 루트 노드로부터 레벨별로 편의 상 노드 번호를 붙일 수 있다고 하였는데 이를 이용한다.

- 아래 [그림 7-9]와 같은 이진 트리를 배열로 표현한다고 하면,

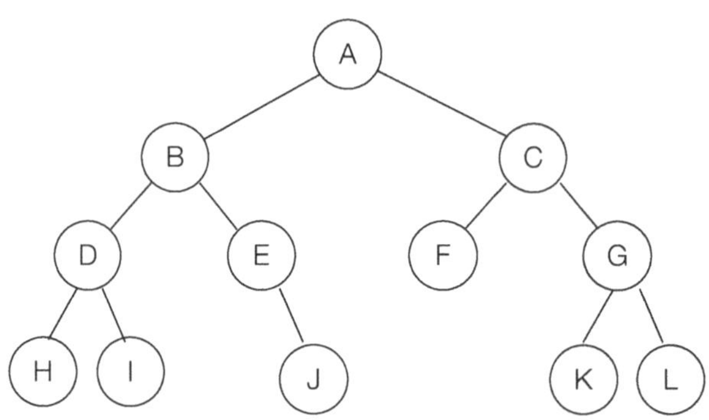

[그림 7-9] 표현하고자 하는 이진 트리

- 먼저 아래 [그림 7-10]과 같이 노드 번호를 붙인 같은 레벨의 포화 이진 트리를 생각

하고, 이를 1차원 배열에 저장하면 된다. 노드 번호에 해당하는 자료는 배열의 같은 방 번호 방에 보관하는 것이다.

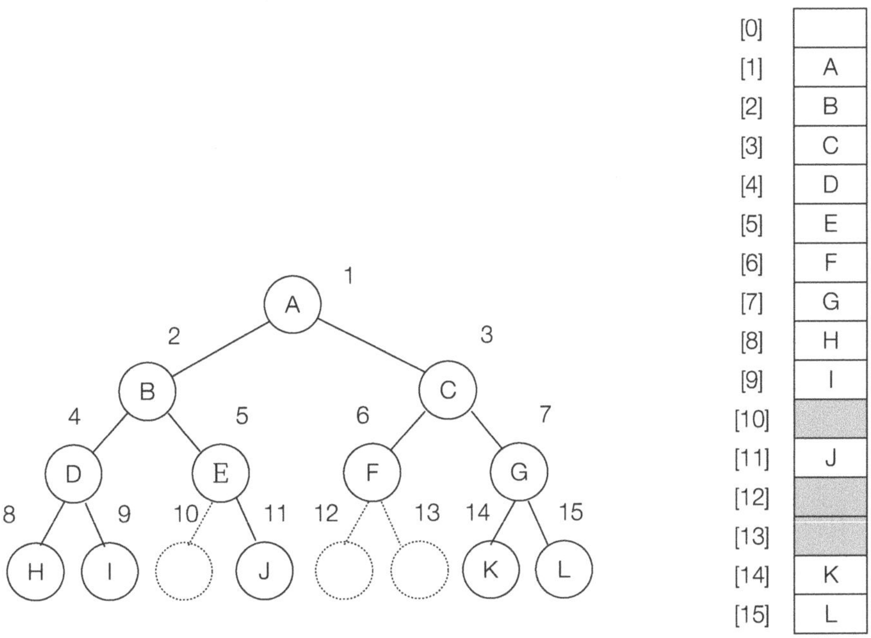

[그림 7-10] 1차원 배열을 이용하여 이진 트리를 표현하는 모습

- 그림을 보면 알겠지만, 부모 노드와 자식 노드 간의 관계는 노드 번호가 2배 차이가 나는 것을 이용한다. 예를 들어 4번 노드의 자식은 (4 x 2) = 8과 (4 x 2)+1=9번 노드이고, 따라서 배열의 방 번호 8, 9 방에 자식 노드의 자료가 보관되어 있게 되는 것이다.

3.2 배열을 이용하는 정적 구현 2

1차원 배열 3개(혹은 3칸을 가지는 2차원 배열 1개)를 이용하여 이진 트리의 모습과 아주 유사하게 구현하는 방법도 있다. 아래 [그림 7-11]을 살펴보자.

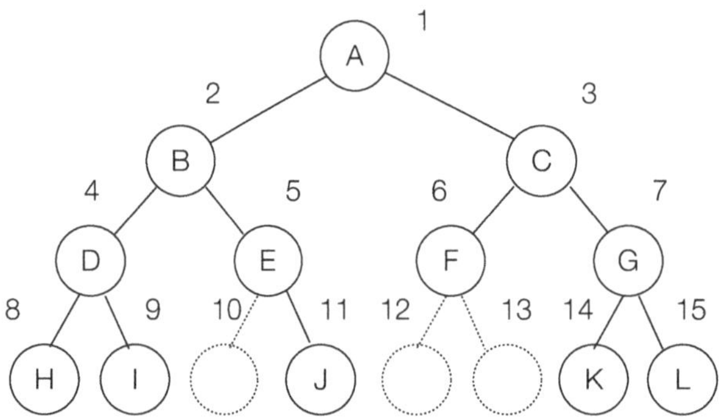

	left_child	data	right_child
[0]			
[1]	2	A	3
[2]	4	B	5
[3]	6	C	7
[4]	8	D	9
[5]	10	E	11
[6]	0	F	0
[7]	14	G	15
[8]	0	H	0
[9]	0	I	0
[10]			
[11]	0	J	0
[12]			
[13]			
[14]	0	K	0
[15]	0	L	0

[그림 7-11] 1차원 배열 3개를 이용하여 이진 트리를 표현하는 모습

- 노드의 모습대로 3개의 1차원 배열을 선언하고, 같은 방 번호의 방들을 묶어(예를 들어 각 배열의 4번방들을 묶어 8, D, 9) 하나의 노드로 생각하는 것이다. 이렇게 트리를 표현하면 위 1개의 1차원 배열을 이용하는 것보다는 프로그램을 보다 쉽게 구현할 수 있는 장점이 생긴다.

3.3 구조체, 동적 할당을 이용하는 동적 형태의 구현

사실 트리를 프로그램으로 표현할 때는 동적인 표현 방법을 많이 사용한다. 이에 대해 알아보자.

- 이진 트리의 한 노드에 해당하는 표현은 아래 [그림 7-12]와 같이 생각할 수 있다.

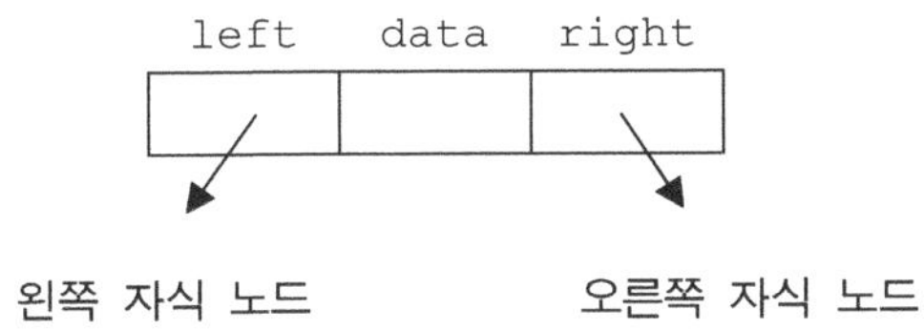

[그림 7-12] 트리의 노드 표현 모습

- 이를 위한 구조체 선언은 다음과 같이 할 수 있다.

```
struct Node
{
   Struct Node *left;
   char data;
   Struct Node *right;
};
```

- 표현하려는 이진 트리의 모습 그대로 노드들 간의 연결을 아래 [그림 7-13]과 같이 하여 이진 트리를 프로그램 상에 표현 하면 된다.

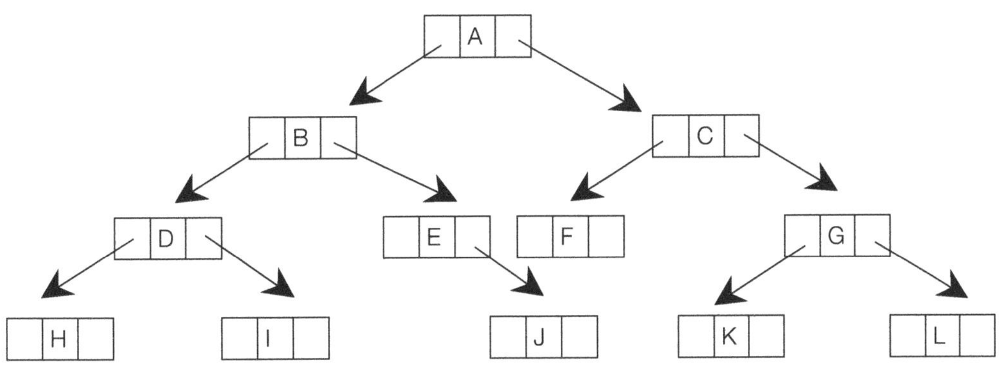

[그림 7-13] 동적인 모습으로 트리를 구현한 모습

동적인 형태로 트리를 구성하는 모습은 아래 이진 탐색 트리 예제에서 좀 더 구체적으로 알아보기로 하자.

4 | 이진 트리를 이용하는 예제들

4.1 산술식의 보관 및 전위, 중위, 후위 표현법으로의 변환

우리는 앞에서 스택(Stack)을 학습할 때, 수식 표현 방법인 중위표현 방법, 전위표현 방법, 후위표현 방법에 대해 학습하였었는데, 이진 트리를 이용하면 산술식의 전위, 후위 중위 표현법 간의 변환을 쉽게 할 수 있다. 이에 대해 알아보자.

- 산술식 a + b를, 아래 [그림 7-14]와 같이 이진 트리에 보관한다고 생각하면,

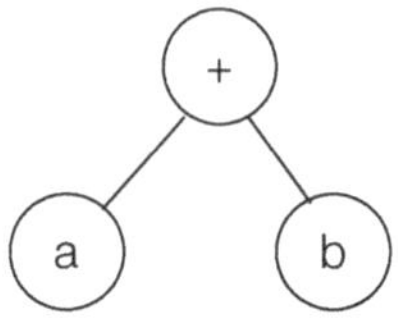

[그림 7-14] 산술식 a + b를 이진 트리에 표현한 모습

- 산술식 x = (a+b)*(c-d)/e+f*g는 어떻게 이진 트리로 표현될까? 아래 [그림 7-15]와 같이 표현될 것이다.

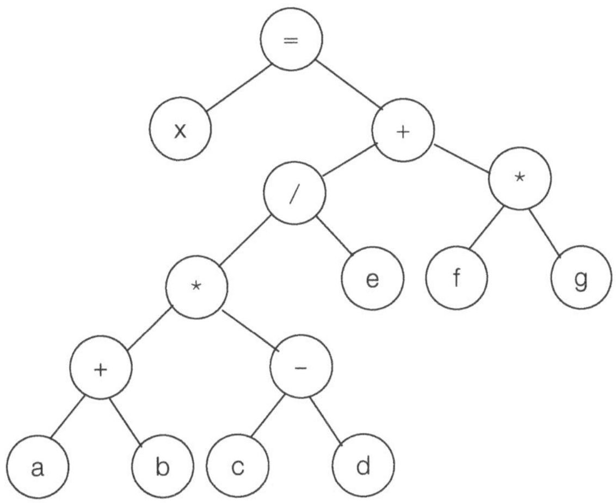

[그림 7-15] 산술식 x = (a+b)*(c-d)/e+f*g를 이진 트리에 표현한 모습

- 이제 위의 이진 트리를 앞에서 배웠던 트리의 전위, 중위, 후위 순회법으로 방문하면 각각 그 결과는 아래와 같이 그 결과를 얻어낼 수가 있다.
  ① 전위 운행 결과 : =x+/*+ab-cde*fg
  ② 중위 운행 결과 : x=a+b*c-d/e+f*g
  ③ 후위 운행 결과 : xab+cd-*e/fg*+=

4.2 이진 탐색 트리(Binary Search Tree)

이진 트리를 잘 이해할 수 있는 이진 탐색 트리 예제를 알아보기로 하자. 이 예제 프로그램을 통하여 이진 트리에 노드의 삽입, 노드의 삭제 연산에 대해서도 알아보기로 한다.

이진 탐색 트리란 말 그대로 어떤 자료들을 이진 트리 자료 구조에 보관하되, 그 목적이 자료의 탐색을 효율적으로 할 수 있도록 하는 것이다.

편의 상 임의의 순서대로 입력되는 1, 2, 3, ... 과 같은 정수 자료들을(물론 프로그램 응용에 따라 정수가 아니라 문자, 문자열 혹은 여러 개의 자료를 생각할 수도 있다.) 이진 트리에 보관한다고 생각하자. 자료를 이진 트리에 보관하는 원칙은 다음과 같다.

- 입력되는 값들은 모두 다르다고 가정한다.
- 맨 처음 입력되는 값이 루트 노드가 된다.
- 왼쪽 서브 트리의 노드에 보관되는 값들은 모두 루트 노드의 값들보다 작다.
- 오른쪽 서브 트리의 노드에 보관되는 값들은 모두 루트 노드의 값들보다 크다.
- 위 원칙에 의해 보관된 자료들을 중위 순회법에 의해 운행하면 자료들을 정렬된 순서로 출력할 수 있다.

예를 들어 입력되는 자료의 순서가 15, 24, 9, 11, 31, 7, 13, 21, 29, 5, 35, 8 이라고 하면, 이를 위 원칙에 의해 이진 탐색 트리를 구성하면 아래 [그림 7-16]과 같을 것이다.

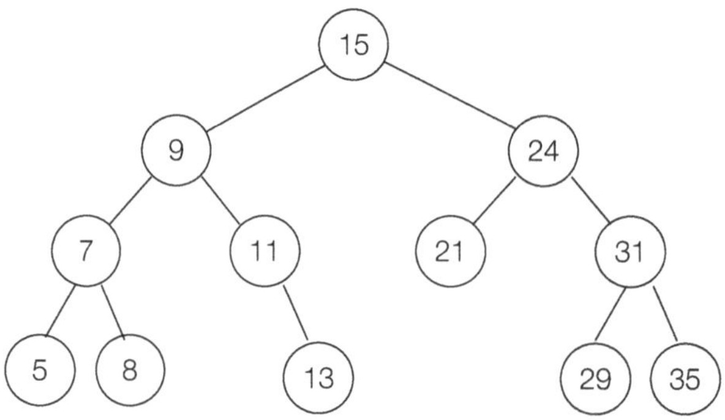

[그림 7-16] 이진 탐색 트리의 모습

이제 위와 같이 구성한 이진 탐색 트리를 중위 운행법으로 운행하면 5, 7, 8, 9, 11, 13, 15, 21, 24, 29, 31, 35 로 정렬된 결과를 얻을 수 있다.

[연습] 16, 6, 8, 19, 23, 17, 5, 15, 27, 25 순서로 입력되는 자료들에 대한 이진 탐색 트리를 그려보고, 또 만들어진 이진 탐색 트리에 대해 중위 운행 결과를 만들어 보기 바란다.

4.2.1 이진 탐색 트리를 구현하기 위한 자료와 연산들

- 노드를 나타낼 구조체의 표현

```
struct Node
{
   struct Node *left;  // left child에 대한 링크
   int data;           // 입력 정수값을 보관할 데이터 부분
   struct Node *right // right child에 대한 링크
};
```

- 자료의 탐색 연산 : 어떤 특정한 값이 이진 탐색 트리에 존재하는지 알아보는 연산을 말한다. 루트 노드로부터 비교하여 왼쪽 서브 트리 혹은 오른쪽 서브 트리로 이동하면서 찾아 나가게 된다. 예를 들어 위의 이진 탐색 트리에서 29가 존재하는지 탐색하는 과정은 다음과 같다.
  ① 15와 29를 비교, 29가 크므로 오른쪽 서브트리로 진행.
  ② 24와 29를 비교, 29가 크므로 오른쪽 서브트리로 진행.
  ③ 31과 29를 비교, 29가 작으므로 왼쪽 서브 트리로 진행.
  ④ 29와 29를 비교, 같으므로 29는 이진 탐색 트리에 존재한다!

한편, 위의 이진 탐색 트리에서 25가 존재하는지 탐색하는 과정은 다음과 같다.

① 15와 25를 비교, 25가 크므로 오른쪽 서브트리로 진행.
② 24와 25를 비교, 25가 크므로 오른쪽 서브트리로 진행.
③ 31과 25를 비교, 25가 작으므로 왼쪽 서브트리로 진행.
④ 29와 25를 비교, 25가 작으므로 오른쪽 서브트리로 진행이지만, 더 이상 진행하지 못하므로(즉, 29를 가진 노드의 left child가 없으므로) 25는 이진 탐색 트리에 존재하지 않는다.

- 자료의 삽입(insert) 연산 : 현재 이진 탐색 트리가 있는데 새로운 자료가 삽입되면, 루트 노드로부터 시작하여 입력된 자료의 해당 위치를 찾아가 새로운 노드를 생성, 연결하는 작업. 삽인 연산 이전에 위 탐색 연산을 수행하여, 이미 해당 값이 이진 탐색 트리에 존재하는 지 검사를 먼저 하게 된다. 위 이진 탐색 트리에서 새로운 자료 23이 삽입된다면, 아래 [그림 7-17]과 같이 이진 탐색 트리가 새로 구성될 것이다.

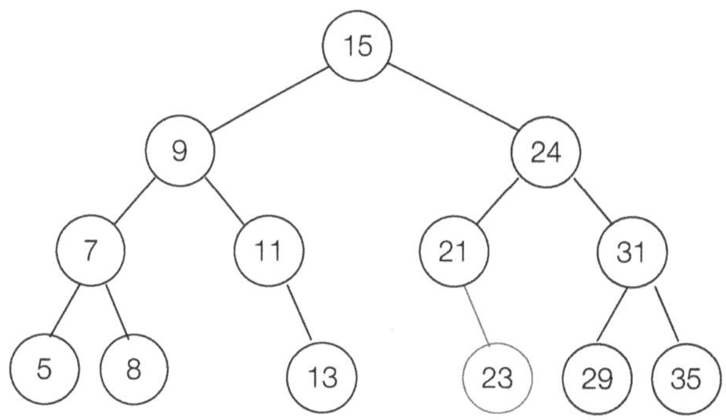

[그림 7-17] 자료 23이 새로 삽입된 이진 탐색 트리의 모습

- 자료의 삭제(delete) : 주어진 이진 탐색 트리에서 어떤 특정한 값을 가진 노드를 삭제하려고 한다면, 먼저 위 탐색 연산을 수행하여, 해당 값이 이진 탐색 트리에 존재하는 지 검사를 먼저 하고, 존재하지 않는다면 삭제를 할 수 없게 되고, 존재한다면 해당 노드를 삭제한 후, 이진 탐색 트리를 재구성하는 작업을 하게 된다. 이진 탐색 트리를 재구성하는 작업은 아래와 같은 3가지 경우에 따라 달리 작업해야 한다.
  ① 삭제할 노드가 단말 노드(degree 0)인 경우
    + 부모 노드의 해당 링크를 NULL로 변경하고, 삭제할 단말 노드를 없앤다(노드를 반환한다.) 위 예제의 경우 8을 삭제한다면, 8이 있는 노드를 먼저 탐색한 후, 7 노드의 오른쪽 child 링크값을 NULL로 변경하고 8노드를 반환하면 된다.
  ② 삭제할 노드가 하나의 자식 노드만 가진(degree 1) 경우
    + 부모 노드가 삭제되면, 자식 노드로 부터의 서브 트리가 전체 이진 탐색 트리에서 떨어져 나가기 때문에 그렇게 되지 않도록 하는 작업인데 자식 노드를

부모 노드의 자리를 대신 하게 하면 된다. 위 이진 탐색 트리에서 11 노드를 삭제하려고 한다면, 11이 있는 노드를 먼저 탐색한 후, 11 노드의 자식인 13 노드를 9노드의 오른쪽 자식 노드로 링크 연결을 한 후, 11 노드를 반환하면 된다.

③ 삭제할 노드가 두개의 자식 노드를 가진(degree 2) 경우

+ 이 경우는 조금 복잡하다.
+ 위 그림에서 15가 있는 노드를 삭제한다고 생각해 보자. 나머지 노드들로 다시 이진 탐색 트리를 재구성해야 하는 작업이 필요한데, 이 때 15가 있는 노드 자리에 왼쪽 서브 트리 중 가장 큰 값을 가지는 13 노드를 옮겨가거나, 오른쪽 서브 트리 중 가장 작은 값인 21을 옮겨가거나 한 후, 이진 탐색 트리를 재구성하는 작업이 필요하다.(일단 문제를 간단히 생각하기 위하여 왼쪽 서브 트리에서 제일 큰 값을 가지는 노드를 옮겨가는 것으로 생각하자.)
  ⓐ 왼쪽 서브 트리에서 가장 큰 값을 가지는 노드는 오른쪽 링크를 따라 내려가면 된다. 이에 의해서 13을 가지는 노드를 찾는다.
  ⓑ 13을 가지는 노드가 단말 노드이기 때문에 그냥 13 값을 15 자리(루트 노드)에 넣어 주기만 하면 된다.
  ⓒ 만약에 이진 탐색 트리가 아래 [그림 7-18]과 같은 경우였다면

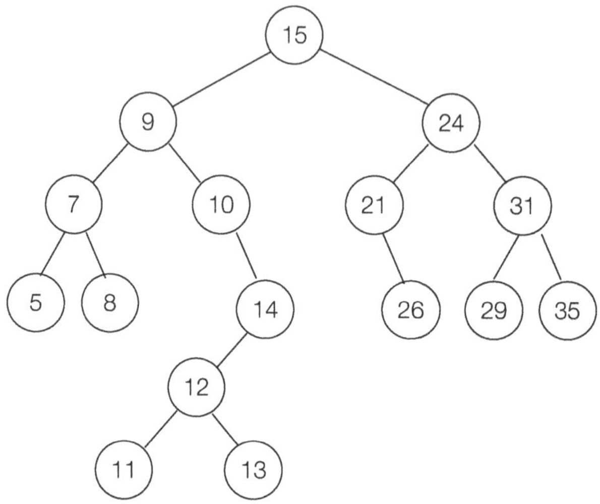

[그림 7-18] 이진 탐색 트리의 예

14를 가지는 노드를 15 노드로 옮겨 주고 난 후, 12를 가지는 노드를 10을 가지는 노드의 오른쪽 자식 노드로 바꾸어 주는 작업을 추가로 해주어야 한다.(이 경우는 위 삭제할 노드의 자식이 1개인 경우와 똑같은 작업이다.)

- 자료의 출력 : 현재 이진 탐색 트리의 자료들을 중위 운행법에 의하여 방문하면서 출력하는 작업이다.

4.2.2 이진 탐색 트리 프로그램

7) 아래 프로그램은 이진 탐색 트리를 구현한 프로그램이다. 잘 읽어보고 이해해 보도록 하자.

- 프로그램을 이해하고 실행하기 전에, 아래와 같은 작업을 손으로 해 보도록 하자.
  ① 10, 3, 19, 4, 12, 20, 11, 15, 14, 17, 16의 순서대로 입력해 보자.(트리를 그려보자)
  ② 4 삭제, 4 다시 입력
  ③ 20 삭제, 20 다시 입력

④ 11 삭제, 11 다시 입력

⑤ 14 삭제, 14 다시 입력

⑥ 16 삭제, 16 다시 입력

+ 지금까지 한 작업으로는 원래 트리의 모양이 유지될 것이다.

⑦ 3 삭제, 3 다시 입력

+ 트리의 모양이 약간 바뀐다.

⑧ 17 삭제, 17 다시 입력

+ 트리의 모양이 약간 바뀐다.

⑨ 15 삭제, 15 다시 입력

+ 트리의 모양이 약간 바뀐다.

⑩ 12 삭제, 12 다시 입력

+ 트리의 모양이 약간 바뀐다.

⑪ 19 삭제, 19 다시 입력

+ 트리의 모양이 약간 바뀐다.

⑫ 10 삭제, 10 다시 입력

+ 트리의 모양이 약간 바뀐다.

- 이제 수작업으로 트리의 변화를 살펴보고 이해했다면, 위 과정을 아래 프로그램을 실행하여 해보도록 한다.
  + 트리를 중위법(inorder)로 방문하면, 트리에 보관된 값들을 정렬한 순서로 출력할 수 있음을 확인하자.
  + inorder 함수에서 위에서 학습한 재귀 함수를 사용했음을 확인하자.

[프로그램 7-1] 이진 탐색 트리(bbsearchtree.c)

```
#include <stdio.h>
#include <stdlib.h>

// 아래 구조체정의는 외부 변수와 똑같이 모든 함수에서 사용할 수 있는 구조체 정의이다.
```

```
struct Node // 트리를 구성할 노드 구조체 정의
{
   struct Node *left;  // left child link
   int value;          // data field
   struct Node *right; // right child link
};

struct Node tree; // 트리의 루트 노드를 가리킬 용도의 구조체
struct Node *parent; // 탐색 시 탐색 노드의 parent를 가리키는 포인터
int leftright; // 탐색 시 탐색 노드가 parent의 오른쪽(0), 왼쪽 자식(1)인지 표시

struct Node *getnode() // 새로운 노드 공간을 동작할당으로 확보해 주는 함수
{                      // 동적으로 할당한 노드의 시작 주소를 반환해 준다.
   struct Node *p;
   p = (struct Node*)malloc(sizeof(struct Node));
   return(p);
}

void retnode(struct Node* ptr)
{
   free(ptr); // 동적 할당 반환
}

struct Node* bbsearch(int data) // 트리에서 특정값 노드가 있는지 탐색하는 함수
{
   // p는 현재 탐색하려는 노드 가리키는 포인터, parent는 그 이전 부모 노드
   struct Node *p = tree.right; // 트리 출발점에서부터 출발
   parent = &tree;
   leftright = -1;
   while(p != NULL)
   {
      if(data < p->value)
```

```
    {
      parent = p;
      p = p->left;
      leftright = 0;
    }
    else if(data > p->value)
    {
      parent = p;
      p = p->right;
      leftright = 1;
    }
    else // 찾은 경우, 노드포인터 반환
      return (p);
  }
  return (p); // 못찾은 경우, NULL 반환
}

void insert(int data) // 트리에 노드 삽입 함수
{
  struct Node *p; // 작업용
  struct Node *newnode;
  p = bbsearch(data); // 이미 트리에 존재하는지 검사
  if(p != NULL) // 이미 존재
    printf("%d는(은) 이미 트리에 보관되어 있습니다.\n", data);
  else // 삽입해야 함
  {
    newnode = getnode(); // 노드 동적 할당 받음
    newnode->value = data;
    newnode->left = NULL;
    newnode->right = NULL;
    if(parent == &tree) // 최초 입력이라면,
      tree.right = newnode;
```

```
        else if(leftright == 0) // 왼쪽에 삽입
          parent->left = newnode;
        else                    // 오른쪽에 삽입
          parent->right = newnode;
      }
    }

    void del(int data) // 트리에서 노드 삭제 함수
    {
      int f;
      struct Node *p; // 작업용
      struct Node  *q, *r, *prev; // 작업용
      p = bbsearch(data); // 트리에 존재하는지 검사
      if(p == NULL) // 존재하지 않음
        printf("%d는(은) 트리에 존재하지 않습니다.\n", data);
      else // 삭제해야 함
      {
        if(p->left == NULL && p->right == NULL) // 단말 노드라면
        {
          if(parent == &tree) // 루트 노드만 있는 경우
            tree.right = NULL;
          else if(leftright == 0) // 삭제할 노드가 부모 노드의 왼쪽 자식이라면,
            parent->left = NULL;
          else                  // 삭제할 노드가 부모 노드의 오른쪽 자식이라면,
            parent->right = NULL;
         retnode(p); // 동적 반환
        }
        else if(p->left == NULL || p→right == NULL)
                                // 한개의 자식 노드만 있는 경우
        {
          if(p->left != NULL) // 왼쪽 자식이 있는 경우라면,
            q = p->left;
```

```
      else
        q = p->right; // 오른쪽 자식이 있는 경우라면,
      if(leftright == 0) // 삭제할 노드가 부모 노드의 왼쪽 자식이라면,
        parent->left = q;
      else              // 삭제할 노드가 부모 노드의 오른쪽 자식이라면,
        parent->right = q;
      retnode(p); // 동적 반환
    }
    else // 두개의 자식 노드가 있는 경우
    {
      // 왼쪽 서브트리에서 후계자 노드(가장 큰값 노드)를 찾는 작업
      r = p->left; // 왼쪽 서브트리에 대해서
      prev = p;
      f=0; // 왼쪽
      while(r->right != NULL) // 오른쪽 링크를 따라 계속 내려간다.
      {
        prev = r;
        r = r->right;
        f=1; // 오른쪽
      }
      // r이 가리키는 노드가 후계자 노드이다.
      if(r->left == NULL && r→>right == NULL)
                                        // 후계자 노드가 단말 노드라면,
     {
         if(f == 0)
         // 후계자 노드가 부모 노드의 왼쪽 자식이므로,
           prev->left = NULL;
         else
        // 후계자 노드가 부모 노드의 오른쪽 자식이므로,
           prev->right = NULL;
        p->value = r->value;
        retnode(r); // 동적 반환
```

```
            }
            else
            { // 후계자 노드가 왼쪽 자식이 있는 경우이다.
               q = r->left;
               p->value = r->value;
               r->value = q->value;
               r->left = NULL;
               retnode(q); // 동적 반환
            }
         }
      }
   }

   void inorder(struct Node *wt)
                    // 중위 운행법으로 트리를 출력(오름차순으로 정렬 출력된다.)
   {
      if(wt == NULL)
         return;
      else
      {
         inorder(wt->left);
         printf("%d  ", wt->value);
         inorder(wt->right);
      }
   }

   void main()
   {
      int choice;
      int val; // 삽입, 삭제, 탐색할 정수 입력받는 용도
      struct Node *po; // 탐색 결과 노드의 주소 보관용

```

```
      // tree 노드의 right 링크는 루트 노드를 가리킴. 최초 상태는 NULL
      tree.right = NULL; // 최초 빈 트리를 만듬
      printf("현재는 비어있는 트리입니다.\n");

      do
      {
         choice = 0;
           printf("\n원하는 작업 선택 : 1-삽입 2-삭제 3- 탐색
                                  4-inorder 출력 5-프로그램 끝내기 : ");
         scanf("%d", &choice);
         switch(choice)
         {
         case 1 :
            printf("삽입할 정수를 입력하세요 : ");
            scanf("%d", &val);
            getchar();
            insert(val); // 삽입 함수 호출
            inorder(tree.right);
            break;
         case 2:
            printf("삭제할 정수를 입력하세요 : ");
            scanf("%d", &val);
            del(val);
            inorder(tree.right);
            break;
         case 3:
            printf("탐색할 정수를 입력하세요 : ");
            scanf("%d", &val);
            po = bbsearch(val);
            if(po == NULL)
               printf("탐색하는 값 %d이 현재 트리에 보관되어 있지 않습니다.\n", val);
            else
```

```
                printf("탐색하는 값 %d는 트리에 보관되어 있습니다.\n", val);
            inorder(tree.right);
            break;
        case 4:
            inorder(tree.right); // 현재 리스트 내용 전체 출력하기
            printf("\n");
            break;
        case 5:
        default:
            printf("프로그램이 끝났습니다.\n");
            exit(0);
        }
    } while(1); // 무한반복
}
```

연습문제
Data Structure Exercises

1. 선형 자료구조와 비선형 자료구조의 차이점을 간단히 설명하라.

2. 트리와 관련된 용어들인 노드(node), 간선(edge), 루트(root), 부모 노드(parent node), 자식 노드(child node), 형제 노드(sibling node), 단말 노드(terminal, leaf node), 비단말 노드(non-terminal node), 레벨(level), 높이(height) 등의 용어에 대하여 간단히 설명하라.

3. 아래 트리에 대하여,

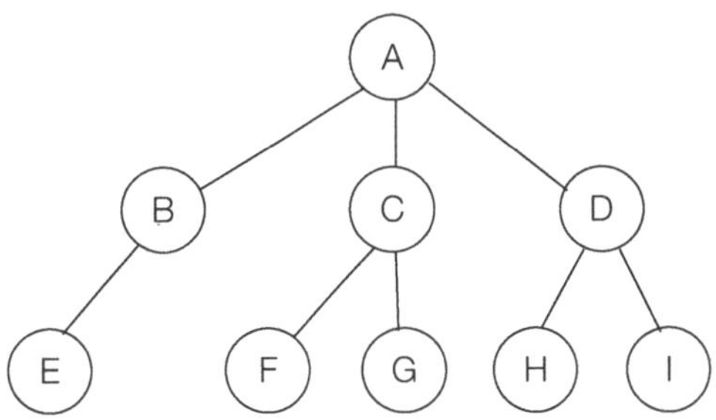

① 트리 전체의 차수는 각 노드의 차수 중 가장 높은 차수를 그 트리의 차수라고 하는데, 위 트리의 차수는 얼마인가?
② 트리의 높이는 얼마인가?
③ D 노드의 차수는 얼마인가?
④ 단말 노드는 전체 몇 개인가?
⑤ F 노드의 조상은 어떤 노드들인가?

4. 일반 트리에 비해 이진 트리는 어떤 트리라고 할 수 있는지 간단히 설명하라.

5. 포화 이진 트리, 완전 이진 트리, 편향 이진 트리에 대해서 간단히 설명하라.

6. 위 3번 문제의 일반 트리를 상응하는 이진 트리로 변환하여 보라.

7. 아래 이진 트리에 대하여,

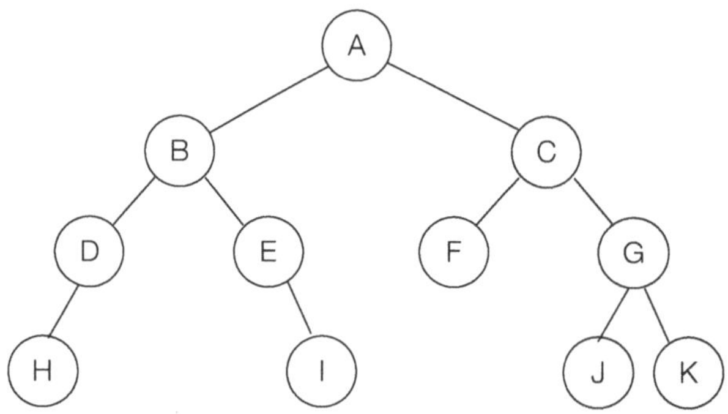

① 전위 운행의 결과는 무엇인가?
② 중위 운행의 결과는 무엇인가?
③ 후위 운행의 결과는 무엇인가?

8. 이진 탐색 트리는 입력되는 자료의 순서대로 이진 트리에 보관하고, 이를 중위 운행법으로 운행하면 정렬된(sorted) 자료를 얻을 수 있는 특징이 있다. 입력되는 자료의 순서가 65, 7, 94, 14, 53, 88, 25, 76, 33, 95 일 때, 이에 대해 이진 탐색 트리를 그려보고, 최종 결과 이진 탐색 트리를 나타내 보라.

9. 위 8번 문제로부터 나온 이진 탐색 트리에 대하여, 중위 운행의 결과를 나타내 보라.

CHAPTER

08

비선형 자료구조 - 그래프(Graph)

1 | 그래프의 기본 개념

그래프도 트리와 마찬가지로 비선형 자료 구조이다. 그래프는 여러 컴퓨터를 연결해 놓은 컴퓨터 네트워크나, 도시와 도시를 연결하는 도로 정보 등을 보여주는 관광 안내 지도와 같은 모양을 나타내기에 알맞은 자료구조이다. 컴퓨터 자체와 관련해서는 컴파일러에서 입력 소스 프로그램을 분석한다던가, 운영체제(OS)에서 프로세스 제어나 교착 상태 분석 등에 쓰일 수 있다. 트리 자료구조와 더불어 중요한 비중을 지니고 있는 자료구조라 할 수 있다.

1.1 그래프의 모습과 기본 용어들

아래 [그림 8-1]이 그래프 자료 구조의 모습을 보여주는 그림이다. 트리의 모습과 어떻게 다른지 살펴보고 느껴보자.

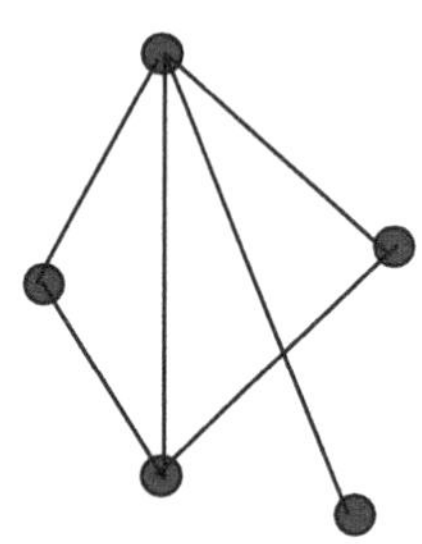

[그림 8-1] 그래프의 모습

트리에서는 부모(parent), 자식(child)의 관계를 볼 수 있었지만, 그래프에서는 그런 관계를 생각할 수 없다. 어떤 요소 때문에 부모, 자식 관계를 생각할 수 없는지 생각해 보자.

- 까만 점은 컴퓨터를, 선은 컴퓨터와 컴퓨터를 연결하는 네트워크 연결을 나타내는 것으로 상상해 보자!
- 혹은, 까만 점은 어떤 도시를, 선은 도시와 도시를 연결하는 도로라고 상상해 보자!
- 이와 같이 그래프 자료 구조는 컴퓨터 네트워크나 지도 정보, 인맥 정보, 전력망 표현, 수도망 표현 등과 같은 정보를 프로그램에서 표현할 때, 편리하게 활용할 수 있는 자료 구조이다.

아래 [그림 8-2]의 3개 그래프를 보면서 이야기하자.

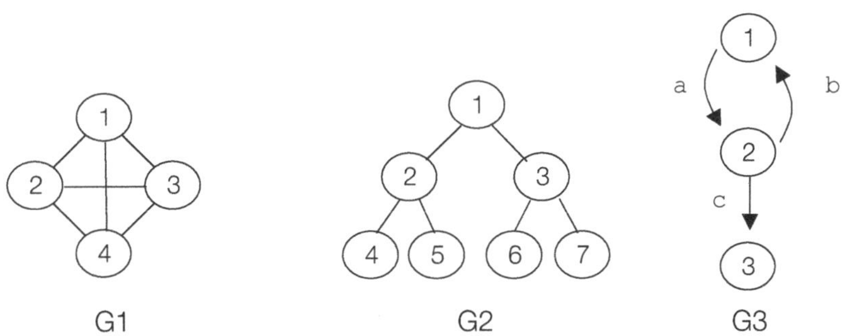

[그림 8-2] 여러 모습의 그래프들

- G1, G2, G3 모두 그래프(graph)이다.
- 특히 트리인 G2도 그래프의 일종이다. 그러니까 그래프라는 개념이 트리라는 개념을 포함하는 더 큰 개념이라고 할 수 있다.
- 기본 용어들
  - 동그라미로 표현된 것을 버텍스(vertex, 정점) 혹은 노드(node)라고 한다.
  - 선으로 표시된 것을 엣지(edge) 혹은 아크(arc)라고 한다.
  - 버텍스와 엣지는 필요하다면, G3에서처럼 이름이나 번호를 붙이기도 한다.
- G1, G2의 엣지는 화살표 표시가 없는데 비해, G3는 화살표가 있다. 무슨 차이가 있을까? 예를 들어 G1의 ①-② 는 ①에서 ②로 가는 통로가 있음을 나타냄과 동시에 ②에서 ①로 가는 통로도 있음을 나타낸다. 이에 비해 G3의 ②->③은 ②에서 ③으로

가는 통로는 있지만 ③에서 ②로 가는 통로는 없음을 나타낸다. 흡사 도로가 쌍방향 도로인가, 일방통행 도로인가의 차이와 같다고 생각할 수 있다.

- G1, G2는 엣지에 방향 표시가 없다고 해서 무(방)향 그래프(그냥 '그래프 '라고 한다. 영어로는 graph)라고 하고, G3는 엣지에 방향 표시가 있다고 하여 유(방)향 그래프(영어로는 directed graph의 줄임 말인 digraph)라고 한다.
- G1, G2는 (무향)그래프이고, G3는 유향 그래프이다.

- 가중 그래프(weighted graph)란 무향이나 유향 그래프의 간선에 어떤 값이 매겨져 있는 경우를 말한다. 아래 [그림 8-3]이 가중 그래프의 모습을 보여주고 있다.

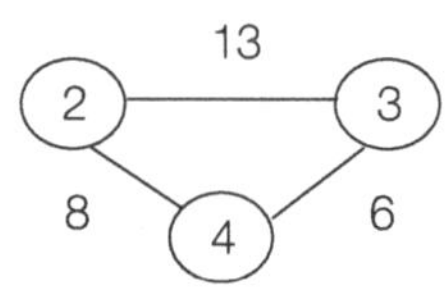

[그림 8-3] 가중 그래프

- 가중 그래프는 도로의 통행료라든가, 도시간의 거리라든가 이런 정보를 그래프에서 표현하고자 할 때 사용하게 된다.

- (무향) 그래프 G1에서 버텍스 ①과 ②는 엣지로 연결되어 있다. 이와 같이 엣지로 연결되어 있는 버텍스들을 인접해 있다(adjacent) 라고 말한다. 또한 엣지 (1, 2) 입장에서는 버텍스 ①과 ②에 부착되어 있다(incident on) 라고 말한다.
- 유향 그래프 G3의 경우에 있어서는 버텍스 ②는 버텍스 ③으로 인접해 있다(adjacent to) 라고 말하고 반대로 버텍스 ③은 버텍스 ②로부터 인접해 있다(adjacent from) 라고 말한다.
- 그래프 G1에서 버텍스 ①에 부착되어 있는 엣지는 3개이다. 이와 같이 버텍스에 부착되어 있는 엣지의 개수를 그 버텍스의 차수(degree)라고 말한다. 버텍스 ①의 차수는 3이다. 주의 할 것이 있다. 그래프 G2를 이진 트리로 생각했을 때는 노드 ②의 차수는 2이지만, 일반적인 그래프로 생각했을 때는 버텍스 ②의 차수는 3이다.(트리에서는 차수가 자식 노드의 수로 정의했음을 상기하자!) 한편 유향 그래프 G3의 vertex ②를 보면, 들어오는 엣지는 1개, 나가는 엣지는 2개이다. 이와 같이 들어오는 엣지

의 수를 내향 차수(indegree)라고 하고, 나가는 엣지의 수를 외향 차수(outdegree) 라고 말한다. 버텍스 ②의 내향 차수는 1이고 외향 차수는 2이다.

- 그래프 G의 서브그래프(부그래프, subgraph)란 그래프 G의 일부 버텍스 및 일부 엣지로 이루어진 그래프를 말한다. 아래 [그림 8-4]와 [그림 8-5]는 그래프 G1 및 유향 그래프 G3의 서브그래프들 몇 개를 보여 주고 있다.(이 외에도 많이 있을 수 있다.)

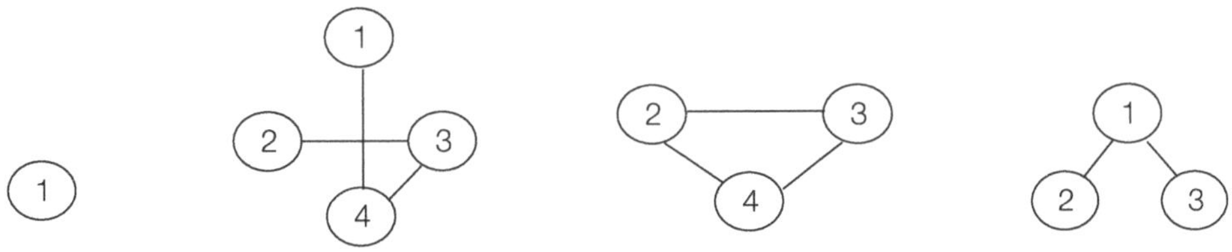

[그림 8-4] 그래프 G1의 부그래프들

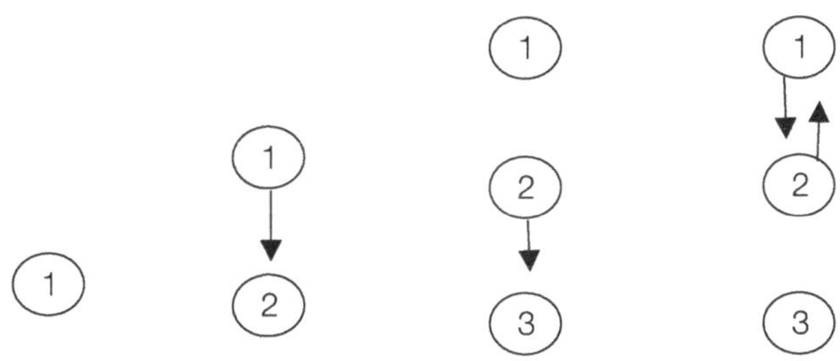

[그림 8-5] 그래프 G3의 부그래프들

- 그래프 G의 버텍스 v1에서 v2로 가는 통로가 있을 때, 이 통로를 이루는 버텍스들의 나열을 v1에서 v2로의 경로(path)라고 한다. 그래프 G1에서 ①에서 ④로 가는 경로는 ①, ②, ④ 나 ①, ③, ④ 혹은 ①, ②, ③, ①, ②, ④ 등이 경로이며, 이 외에도 무수히 많은 경로를 생각할 수 있을 것이다.
- 위의 경로들 중에서 같은 버텍스가 중복 방문되지 않는 ①, ②, ④ 나 ①, ③, ④와 같은 경로를 단순 경로(simple path)라고 한다.
- 유향 그래프의 경우에는 유향 경로(directed path)라고 부른다. 그래프 G3에서 ①에서 ③으로의 유향 (단순) 경로로서 ①, ②, ③을 생각할 수 있다.(그냥 유향 경로는 무수히 많이 생각할 수 있을 것이다.)

- 단순 경로 중에서 시작 버텍스와 끝 버텍스가 같은 버텍스일 때, 이를 사이클(cycle)이라고 한다. 그래프 G1에서 단순 경로 ①, ②, ③, ①은 사이클이며, G3에서도 ①, ②, ①은 사이클이다.
- 경로의 길이(length)란 그 경로를 이루는 엣지의 수를 말한다.(주의하자! 버텍스의 개수가 아니다!) G1의 (단순) 경로 ①, ②, ④의 길이는 2이다.
- 그래프 G에서 버텍스 v1과 v2 사이에 경로가 존재하면, v1과 v2는 연결되어 있다(connected)라고 말한다. 그리고 그래프 G의 어떤 임의의 버텍스 쌍에 대해서 경로가 존재하면 이 그래프는 연결되어 있다 라고 말한다. 그래프 G1, G2는 연결되어 있다고 할 수 있다. 보통 우리가 생각할 수 있는 그래프는 연결 그래프이다. 그러나 아래 [그림 8-6]의 그래프는 연결되어 있지 않다 라고 말할 수 있다.

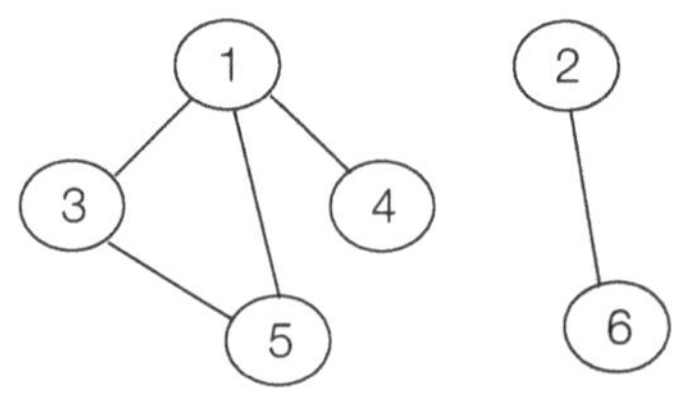

[그림 8-6] 연결되어 있지 않은 그래프

- 유향 그래프에서는 어떤 임의의 버텍스 쌍에 대해서나 경로가 존재하면 이 그래프는 강 연결되어 있다(strongly connected) 라고 말한다. 그래프 G3는 강 연결되어 있지 않다.(③에서 ②로의 path가 존재하지 않기 때문에!)
- 그래프 G에서 연결되어 있는 부분을 최대로 생각한 서브그래프를 연결 요소(connected component)라고 말한다. 연결되어 있는 그래프에서는 자기 자신이 연결 요소가 될 것이지만 위의 연결되지 않은 그래프에서는 연결 요소가 2개 있음을 알 수 있다.
- 유향 그래프에서는 강 연결 요소(strongly connected component)라고 말하는데, 그래프 G3에서는 강 연결 요소가 2개 있다. 위 그림에서 그래프 G3의 부프로그램을 참고하라.(버텍스 ③에서 버텍스 ②로 가는 엣지가 없음에 주목하라!)
- 몇 가지 추가 용어와 유의할 점을 알아보자.

- 그래프란 버텍스의 집합 V와 엣지의 집합 E로 되어 있다.
- V는 공집합이 아니며, 엣지는 임의의 2개 버텍스를 연결한다. 엣지의 표현은 (무향)그래프의 경우 (v1, v2)와 같이 하고, 유향 그래프의 경우 <v1, v2>와 같이 한다. 둥근 괄호와 꺾쇠괄호를 사용하는 것을 유념하면 쉽게 기억할 수 있을 것이다.
- 유향 그래프의 엣지 <v1, v2> 에 대하여 v1을 꼬리(tail), v2를 머리(head)라고 한다. (엣지 <v1, v2>는 v1 -> v2를 나타낸다.)
- (무향) 그래프의 엣지 (v1, v2) 표현은 (v2, v1) 표시와 같은 것이지만, 유향 그래프에서 엣지 <v1, v2> 표현은 <v2, v1> 표시와 다르다.
- 엣지 (v1, v2) 혹은 <v1, v2>에 대해서 v1 ≠ v2 이다. 즉 어떤 버텍스 자신에게서 자신에게로 연결하는 edge는 허용되지 않는다.(그러나 때로는 응용에 따라서 허용하는 경우도 있다.) 또한 E가 집합이기 때문에, 같은 엣지가 2개 이상 있을 수 없다.(조금 이해가 안 되더라도 참자. 조금 있다가 아래에서 멀티그래프를 설명하면 이해가 될 것이다!)
- 그래프 G는 G = (V, E)로 표현할 수 있다. 또 그래프 G의 버텍스의 집합은 V(G)로 엣지의 집합은 E(G)로 표현한다.
- 이제 연습을 해 보자. 위 그림의 G1, G2, G3에 대해서,
  - ▶ V(G1) = {1, 2, 3, 4}
  - ▶ E(G1) = {(1,2), (1,3), (1,4), (2,3), (2,4), (3,4)}
  - ▶ V(G2) = {1, 2, 3, 4, 5, 6, 7}
  - ▶ E(G1) = {(1,2), (1,3), (2,4), (2,5), (3,6), (3,7)}
  - ▶ V(G3) = {1, 2, 3}
  - ▶ E(G3) = {<1,2>, <2,1>, <2,3>}
- 연습 : 아래 [그림 8-7]의 그래프 G4, G5에 대해서 각각 V(G4), E(G4), V(G5), E(G5)를 나타내 보라.

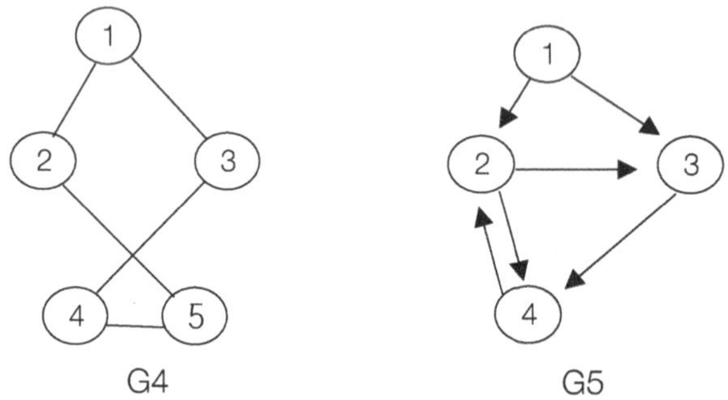

[그림 8-7] 그래프 G4, G5의 모습

1.2 멀티그래프

아래 [그림 8-8]의 그래프를 보면,

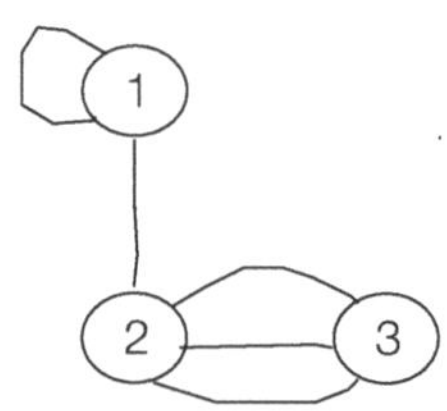

[그림 8-8] 멀티 그래프의 모습

이 모양은 위에서 본 그래프와 어떤 점에서 다른가? 생각해 보자.

- ①에서 자기 자신으로 가는 엣지가 있다.
- ②에서 ③으로 가는 엣지가 1개가 아니라 3개나 있다.
  - 그래프에서는 두 vertex 사이에 2개 이상의 엣지가 있을 수 없다.(위에서 설명한 그래프 정의를 다시 한 번 보기 바란다.)
  - 위 그래프와 같은 형태를 멀티그래프(multigraph)라고 한다.

1.3 완전 그래프

위 [그림 8-2]에서 살펴보았던 G1 그래프(아래 다시 나타내었다)는 어떤 임의의 2개 버텍스 사이에나 엣지가 존재하고 있다. 이런 그래프를 완전 그래프(complete graph)라고 한다.

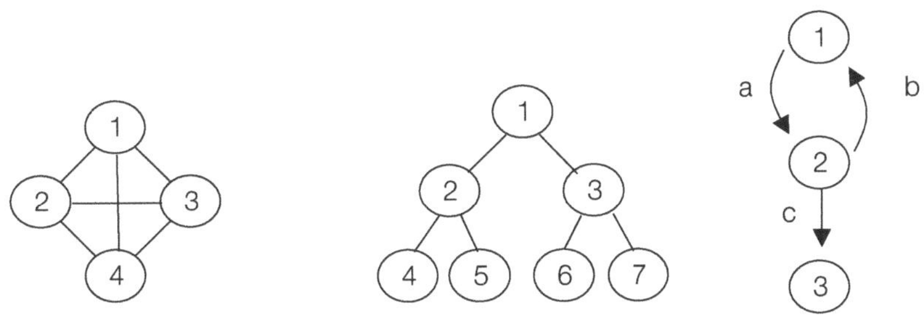

G1 G2 G3

[그림 8-9] 여러 모습의 그래프들([그림 8-2]와 같음)

- G2, G3는 완전 그래프가 아니다. 특히 유향 그래프 G3에서는 ②에서 ③으로의 엣지는 있지만, ③에서 ②로 가는 edge가 없기 때문에 이 그래프는 완전 그래프가 아니다.
- 완전 그래프에서 버텍스의 수가 n개이면, 엣지의 수는 몇 개가 될까?
  - (무방향) 그래프인 경우는 조합 nC2 = n(n-1)/2 개가 된다.
  - 방향 그래프인 경우는 순열 nP2 = n(n-1) 개가 된다.
  - 아래 [그림 8-10]의 그래프에서 이를 확인해 보기 바란다.

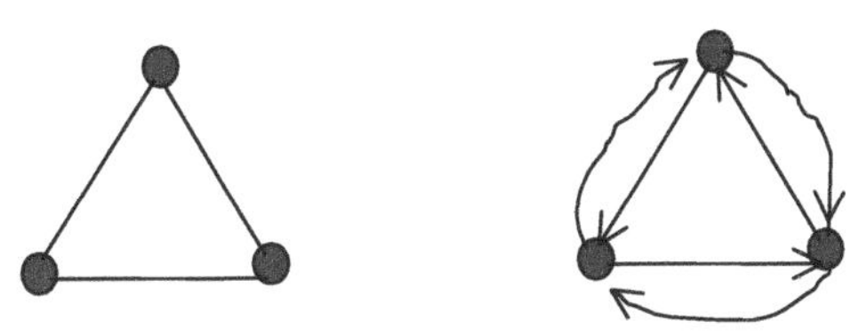

G6 G7

[그림 8-10] 완전 그래프들

- G6의 경우, 노드 수가 3개이므로 edge의 수는 3C2 = 3 x (3-1) / 2 = 3개이다.
- G7의 경우, 노드 수가 3개이므로 edge의 수는 3P2 = 3 x (3-1) = 6개이다.

- 위에서 다소 많은 용어들을 알아보았는데,
  - 이런 용어들은 사람과 사람, 또는 우리가 책을 읽을 때, 서로의 편리하고 객관적인 의사소통을 위해 생각해낸 용어들이라고 생각해야 한다.
  - 연결 그래프, 연결 요소와 같은 개념들은, 우리가 인터넷이나 LAN과 같은 네트워크를 생각해보면 왜 그런 용어들이 생겨났는지를 쉽게 알 수 있다. 어떤 네트워크가 연결 그래프가 되지 않으면 어떻게 되겠는가? 아마 네트워크로의 구실을 하지 못할 것이다.

2 | 그래프의 프로그램에서의 표현 방법

그래프를 프로그램에서 표현하는 방법도 배열을 이용하는 정적인 방법과 연결리스트를 활용하는 동적인 방법으로 나누어 살펴 볼 수 있다.

2.1 인접 행렬로 표현하는 방법(정적인 방법)

- 2차원 배열을 이용하여 표현하는 방법이다.
- 주어진 그래프의 버텍스 개수가 n개라면, n x n 2차원 배열을 선언하고, 엣지가 있는 버텍스 간의 간선에 대해서는 1, 엣지가 없는 경우에는 0으로 표시하는 방법이다.
- 아래의 [그림 8-11] 그래프들을 예로 하여 생각해 보면,

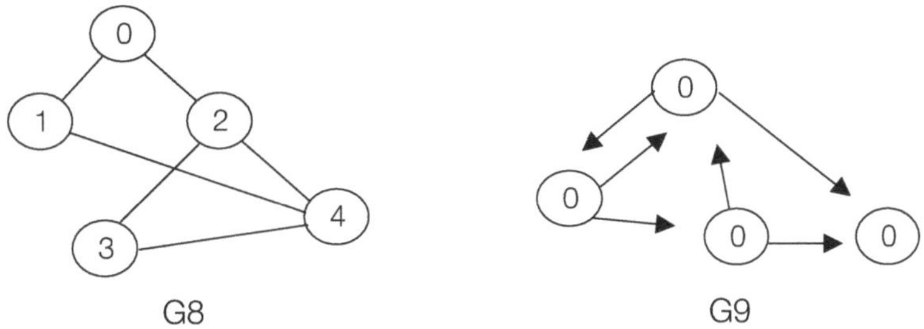

[그림 8-11] 그래프 G8, G9의 모습

- 위 그래프 G8과 G9은 아래와 같이 생각할 수 있다.
  - int G8[5,5] = { {0, 1, 1, 0, 0}, {1, 0, 0, 0, 1}, {1, 0, 0, 1, 1}, {0, 0, 1, 0, 1}, {0, 1, 1, 1, 0} };
  - int G9[4,4] = { {0, 1, 0, 1}, {1, 0, 1, 0}, {1, 0, 0, 1}, {0, 0, 0, 0} };

```
int G8[5,5] = {   {0, 1, 1, 0, 0},
                   {1, 0, 0, 0, 1},
                   {1, 0, 0, 1, 1},
                   {0, 0, 1, 0, 1},
                   {0, 1, 1, 1, 0}
               };
int G9[4,4] = {   {0, 1, 0, 1},
                   {1, 0, 1, 0},
                  {1, 0, 0, 1},
                  {0, 0, 0, 0}
               };
```

- 이제 이 그래프들을 2차원 배열에 표현하고자 할 때는,
  - 2차원 배열의 각 행과 각 열은 그래프의 버텍스를 나타낸다.(편의상 vertex 번호와 행, 열 번호는 일치하게 했다.)
  - 그래프 G8의 경우, 엣지 (ⓘ, ⓙ)가 존재하면 배열 G8[i,j]와 G8[j,i]는 1이다. 존재하지 않으면 0이다.
  - 그래프 G9의 경우, 엣지 <ⓘ, ⓙ>가 존재하면 배열 G8[i,j]는 1이다. 존재하지 않으면 0이다.
  - 배열의 오른쪽 방향 대각선의 값은 전부 0이다.(자기 자신으로의 엣지는 없으므

로!)

- (무향)그래프의 경우에는 오른쪽 대각선을 중심으로 대칭이다.(당연하지 않을까? 생각해 볼 것!)
- 이와 같이 생각하여 표현된 그래프 G8, G9의 모습은 아래와 같다.

0	1	1	0	0
1	0	0	0	1
1	0	0	1	1
0	0	1	0	1
0	1	1	1	0

G8 배열

0	1	0	1
1	0	1	0
1	0	0	1
0	0	0	0

G9 배열

2.2 인접 리스트(adjacency list)로 표현하는 방법(동적인 방법 1)

- 각 버텍스에 붙어 있는 버텍스들을 연결 리스트로 표현하는 방법이다.
- 위 G8은

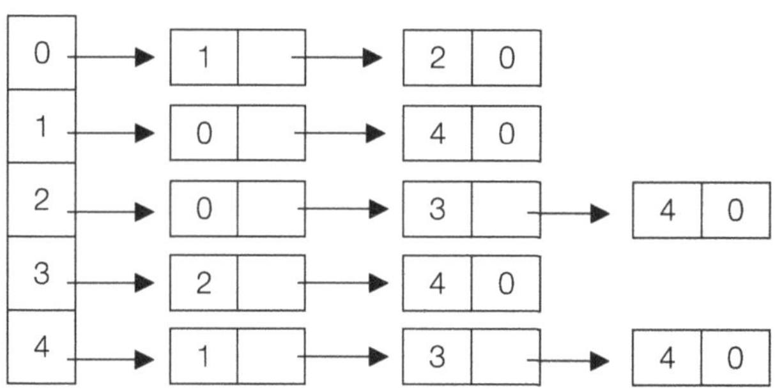

- 위 G9는

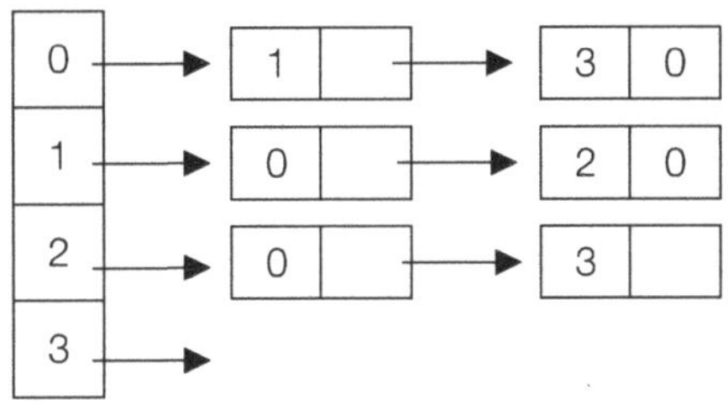

2.3 무방향 그래프 표현을 위한 인접 멀티 리스트 표현 방법(동적인 방법 2)

- 무방향 그래프를 인접 리스트로 표현하면 각 엣지가 2번 표현되므로 기억장치의 낭비가 생기게 되는 결과이므로 이를 개선하기 위해 고안된 방법이 인접 멀티 리스트 표현 방법이다.
- 엣지의 수만큼 노드를 표현하고, (예; 위 G8) 각 버텍스에 대한 링크를 표현하는 방법이다.

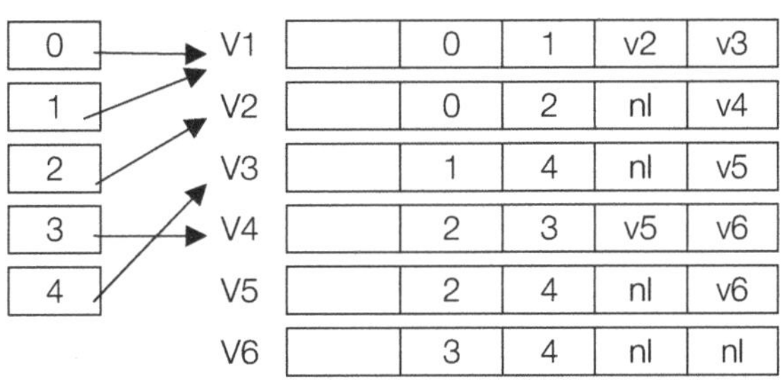

3 | 그래프에서의 연산 행위

그래프에서의 연산은 트리에서의 연산과 비슷하다.

- 삽입 : 기존 그래프에 버텍스를 추가하는 행위
- 삭제 : 기존 그래프에서 버텍스를 제거하는 행위
- 그래프 운행법 : 그래프의 모든 노드들을 한 번씩 방문하는 행위로서 스택을 활용하는 깊이 우선 탐색 방법과 큐를 활용하는 너비 우선 탐색 방법이 있다.
- 그래프에서의 주용 관심 사 중 하나는 어느 특정 버텍스에서 또 다른 특정 버텍스로 가는 최단 경로(비용이나 혹은 거리 등 어떤 기준에 대해서)를 구하는 문제이다. 이를 최단 경로(shortest path) 찾기라고 한다. (예를 들면 지하철 노선도에서 어느 특정 역에서 또 다른 특정 역으로 환승 정보 알아보기 등을 생각할 수 있다.) 이 때 최소 환승이라든가, 최단 시간 혹은 최단 거리 등이 경로를 찾는 기준이 될 수 있을 것이다. 이 문제를 확대하여 모든 버텍스에서 다른 모든 버텍스로의 최단 경로 찾기를 미리 해 볼 수 있는 방법도 있다.

3.1 깊이 우선 탐색(DFS : Depth First Search)

- 시작 버텍스를 결정 한 후, 인접 버텍스의 왼쪽부터 계속 방문해 가는 방법이다.
  ① 해당 버텍스를 방문한 후, 방문하지 않은 인접 버텍스가 있으면 해당 버텍스를 스택에 보관해 둔다. 방문하지 않은 버텍스 중 하나를 대상으로 하고 ① 과정을 반복한다.
  ② 방문하지 않은 인접 버텍스가 없으면 스택에서 pop하여 ① 과정을 반복한다.
  ③ 스택이 비면 탐색이 끝나게 된다.
- 예를 들어 위 G8인 경우, 0번 버텍스에서 시작한다면,
  (a) 0번 방문, 방문하지 않은 인접 버텍스가 있으므로, 0을 스택에 보관.

(이 때 방문한 버텍스는 방문하였다고 표시한다.) 스택: 0 출력: 0

(b) 1번 방문, 방문하지 않은 인접 버텍스가 있으므로, 1을 스택에 보관.
스택: 0,1 출력: 0,1

(c) 4번 방문, 방문하지 않은 인접 버텍스가 있으므로, 4를 스택에 보관.
스택: 0,1,4 출력: 0,1,4

(d) 2번 방문, 방문하지 않은 인접 버텍스가 있으므로, 2를 스택에 보관.
스택: 0,1,4,2 출력: 0,1,4,2

(e) 3번 방문. 방문하지 않은 인접 버텍스가 없으므로, pop
스택: 0,1,4 출력: 0,1,4,2,3

(f) 2번 버텍스에 대해서, 방문하지 않은 인접 버텍스가 없으므로, pop
스택: 0,1 출력: 0,1,4,2,3

(g) 4번 버텍스에 대해서, 방문하지 않은 인접 버텍스가 없으므로, pop
스택: 0 출력: 0,1,4,2,3

(h) 1번 버텍스에 대해서, 방문하지 않은 인접 버텍스가 없으므로, pop
스택: 출력: 0,1,4,2,3

(i) 0번 버텍스에 대해서, 방문하지 않은 인접 버텍스가 없으므로, pop, 이 때 스택이 비어 있으므로 탐색은 끝난다.

3.2 너비 우선 탐색(BFS : Breadth First Search)

- 시작 버텍스에서 시작하여, 인접 버텍스를 모두 탐색한 후, 다음 버텍스들을 탐색하는 방법이다. 너비 우선 탐색에서는 큐를 사용한다.
  ① 해당 버텍스를 방문한 후, 방문하지 않은 인접 버텍스들을 큐에 보관한다.
  ② 큐에서 enqueue하여 ①을 반복한다.
  ③ 큐가 비게 되면 탐색이 끝난다.
- 예를 들어 위 G8인 경우, 0번 버텍스에서 시작한다면,
  (a) 0번 방문, 방문하지 않은 인접 버텍스가 있으므로, 1, 2를 큐에 보관

(이 때 방문한 버텍스는 방문하였다고 표시한다.) 큐: 1,2 출력: 0

(b) dequeue, 1 방문하지 않았으므로 1 방문, 4 큐에 보관

큐: 2,4 출력: 0,1

(c) dequeue, 2 방문하지 않았으므로 2 방문, 3, 4 큐에 보관

큐: 4,3,4 출력: 0,1,2

(d) dequeue, 4 방문하지 않았으므로 4 방문, 큐 보관 없음

큐: 3,4 출력: 0,1,2,4

(e) dequeue, 3 방문하지 않았으므로 3 방문 큐 보관 없음

큐: 4 출력: 0,1,2,4,3

(f) dequeue, 큐가 비었으므로 탐색이 끝난다.

큐: 출력: 0,1,4,2,3

연습문제

Data Structure Exercises

1. 트리와 그래프의 가장 큰 차이점은 무엇인가?

2. 무방향 그래프와 방향 그래프의 차이점을 간단히 설명하라.

3. 가중 그래프란 무엇인가?

4. 트리에서의 차수(degree)와 그래프에서의 차수는 정의에서 차이가 있다. 차이점을 간단히 설명하라.

5. 멀티 그래프에 대해서 간단히 설명하라.

6. 그래프를 프로그램 상에서 표현 하는 방법은 인접행렬 방법, 인접 리스트 방법, 인접 멀티 리스트 방법 3가지가 있다. 아래 그래프에 대하여,

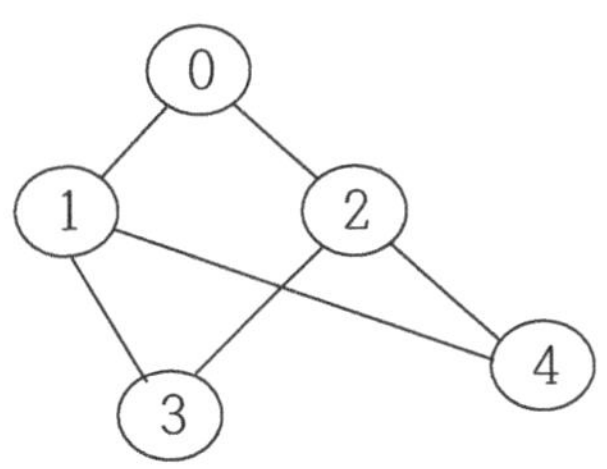

① 인접 행렬로 그래프를 표현해 보아라.
② 인접 리스트로 그래프를 표현해 보아라.
③ 인접 멀티 리스트로 그래프를 표현해 보아라.

7. 위 6번 문제의 그래프에 대하여, DFS와 BFS 운행법으로 각각 운행한 결과를 나타내 보아라.

8. 다음 중 선형 자료구조가 아닌 것은?

① 스택　② 리스트　③ 그래프　④ 큐

CHAPTER

09

정렬
(Sort)

1 | 정렬(Sort)

순서 없이 모여 있는 자료들을 어떤 기준에 따라 나열하는 일을 정렬이라고 하며, 이런 정렬을 해야 할 경우가 꽤 생기게 된다.

자료를 정렬하는 기준이 되는 값을 키(key)라고 한다. 예를 들어 학생들에 관한 자료들의 모임에 대해, 학번 순이라든가, 나이 순, 주민등록번호 순 등이 그것이다. 이러한 키는 자료 정렬의 목적에 따라 정해지게 된다.

키 값이 제일 작은 것이 맨 처음 나오는 형태를 오름차순(Ascending)이라고 하고, 반대로 키 값이 제일 큰 것이 맨 처음 나오는 형태는 내림차순(Descending)이라고 말한다.

1.1 내부 정렬과 외부 정렬

정렬할 자료의 개수가 적당하다면 정렬 프로그램을 통해 컴퓨터의 주기억장치만 사용해도 되지만, 자료의 양이 방대하다면, 컴퓨터의 주기억장치만으로는 자료를 다 기억하지 못하기 때문에 하드디스크와 같은 보조기억장치를 활용하여야 한다. 이와 같이 컴퓨터 주기억장치만으로 자료를 정렬하는 방법을 내부 정렬이라고 하고, 하드디스크와 같은 보조기억장치까지 사용하여 대규모의 자료들을 정렬하는 방법을 외부 정렬이라고 한다. 보통 외부 정렬은 자료를 일정한 크기로 분리하여 각각 내부 정렬한 후, 이를 합병하는 방법을 택하게 된다. 여기서는 내부정렬을 중심으로 살펴보기로 한다.

내부 정렬 방법에는 대표적으로 버블 정렬(Bubble Sort), 선택 정렬(Selection Sort), 삽입 정렬(Insertion Sort), 퀵 정렬(Quick Sort) 등이 있다. 이들에 대해 알아보자.

2 | 버블 정렬(Bubble Sort)

보통 내부정렬을 할 자료들은 1차원 배열에 보관한 상태로 정렬을 진행하게 된다. 앞으로 내부 정렬할 자료들은 1차원 배열에 보관되어 있는 것으로 생각하기로 한다.

주전자나 냄비에 물을 넣고 끓이면 공기방울이 위로 올라온다. 반대로 물에 조그마한 돌멩이를 떨어뜨리면 아래로 가라앉을 것이다. 이와 같이 가벼운 것(키 값이 작은 자료)은 차례대로 앞으로(위로) 위치할 수 있게 하고, 무거운 것(키 값이 큰 자료)은 차례대로 아래로(밑으로) 보내는) 원리로 정렬하는 방법이 버블 정렬이다.

조금 구체적으로 설명하면, 1차원 배열에 보관된 자료들을 첫 방에 있는 자료로부터 시작하여 차례대로 인접해 있는 자료들과 비교하여 키 값이 작은 자료가 앞쪽으로(위로) 위치시키고, 키 값이 큰 자료는 뒤쪽으로(아래로) 위치시키는 작업을 반복하게 되면 최종적으로 정렬되는 방법을 사용하는 것이 버블 정렬이다.

예를 들어 10개의 숫자 23, 7, 34, 6, 48, 12, 55, 4, 13, 28 이 아래 [그림 9-1]과 같이 1차원 배열에 보관되 있을 때, 이를 버블 정렬하는 과정은 아래와 같다.

23	7	34	6	48	12	55	4	13	28
[0]	[1]	[2]	[3]	[4]	[5]	[6]	[7]	[8]	[9]

[그림 9-1] 정렬되지 않은 10개의 숫자가 1차원 배열에 보관된 최초의 모습

- [0] 방부터 시작하여 인접해 있는 방의 자료와 비교하여 뒤쪽 방의 자료가 더 작은 수이면 앞쪽 방 자료와 자리 교환을 한다. 반대로 뒤쪽 방 자료가 앞쪽 방 자료보다 더 큰 수이면 자리 교환을 하지 않는다. [0]과[1] 비교, [1]과[2] 비교, ... , [8]과[9] 비교를 차례대로 해 나가는 것이다. 이렇게 한번 작업하는 것을 라운드(Round)라고 하는데 첫 라운드를 행하고 나면 제일 큰 수가 맨 마지막 방인 [9] 방에 자리를 잡게 된다. 이렇게 첫 라운드를 진행하고 난 후의 상태를 생각해 보면, 10개 수 중에 가장 큰 수는 [9]방에 위치하게 되고, 이는 자기 자리를 찾아갔다고 생각할 수 있는데, 이

제 우리는 [0] ~ [8] 방의 자료들만 정렬하면 되는 것으로 생각하고 다음 라운드를 진행하게 되는 것이다. 다시 말하면, 매 라운드를 진행할 때마다 숫자 한 개씩 제자리를 찾아가게 되므로 자료의 개수가 n개라면 n-1 라운드를 위와 같이 진행하면 전체 자료가 정렬되게 된다.

- 아래는 위 [그림 9-1] 자료들을 버블 정렬하는 과정을 보여주고 있다. 차례대로 라운드의 진행 과정을 따라가 보기 바란다.
- 원 자료

23	7	34	6	48	12	55	4	13	28
[0]	[1]	[2]	[3]	[4]	[5]	[6]	[7]	[8]	[9]

- 1 Round 결과

7	23	6	34	12	48	4	13	28	55
[0]	[1]	[2]	[3]	[4]	[5]	[6]	[7]	[8]	[9]

- 2 Round 결과

7	6	23	12	34	4	13	28	48	55
[0]	[1]	[2]	[3]	[4]	[5]	[6]	[7]	[8]	[9]

- 3 Round 결과

6	7	12	23	4	13	28	34	48	55
[0]	[1]	[2]	[3]	[4]	[5]	[6]	[7]	[8]	[9]

- 4 Round 결과

6	7	12	4	13	23	28	34	48	55
[0]	[1]	[2]	[3]	[4]	[5]	[6]	[7]	[8]	[9]

- 5 Round 결과

6	7	4	12	13	23	28	34	48	55
[0]	[1]	[2]	[3]	[4]	[5]	[6]	[7]	[8]	[9]

- 6 Round 결과

6	4	7	12	13	23	28	34	48	55
[0]	[1]	[2]	[3]	[4]	[5]	[6]	[7]	[8]	[9]

- 7 Round 결과

4	6	7	12	13	23	28	34	48	55
[0]	[1]	[2]	[3]	[4]	[5]	[6]	[7]	[8]	[9]

- 8 Round 결과

4	6	7	12	13	23	28	34	48	55
[0]	[1]	[2]	[3]	[4]	[5]	[6]	[7]	[8]	[9]

- 9 Round 결과

4	6	7	12	13	23	28	34	48	55
[0]	[1]	[2]	[3]	[4]	[5]	[6]	[7]	[8]	[9]

보통 내부정렬을 할 자료들은 1차원 배열에 보관한 상태로 정렬을 진행하게 된다. 위의 과정을 보면 실제로는 7 라운드까지 진행하고 나면, 정렬이 완성되어 8, 9 라운드에서는 더 이상 자료의 자리 교환이 일어나지 않는다. 정렬하려는 자료의 수 배치에 따라 이른 라운드에서 정렬이 끝나기도 하고, n-1 라운드를 다 진행해야 정렬이 완성되기도 하는데, 라운드를 진행할 때 자리 교환이 한 번도 일어나지 않는지 파악하도록 하면 좀 더 빠른 정렬 프로그램을 만들 수 있다.

아래 [프로그램 9-1]은 버블 정렬 프로그램이다.

[프로그램 9-1] 버블 정렬 프로그램(bubble.c)

```
#include <stdio.h>
#include <stdlib.h>
#define NUM 10 // 정렬하려는 자료의 개수
```

```

void bubble(int data[])
{
    int i, j, round;
    int temp; // 자료 교환을 위한 것
    int flag; // 자료 교환이 한번이라도 일어나면 1, 한번도 일어나지 않으면 0

    printf("-------- 원 자료는 다음과 같습니다. --------\n");
    for(i=0; i < NUM; i++)
      printf("%3d ", data[i]);
    printf("\n\n");

    for(round = 1; round < NUM; round++) // NUM -1 라운드 실행
    {
      flag = 0;
      for(j=0; j < (NUM-round); j++)
      {
        if(data[j] > data[j+1]) // 자료 교환하여야 한다.
        {
          temp = data[j];
          data[j] = data[j+1];
          data[j+1] = temp;
          flag = 1; // 자료 교환이 일어났음을 표시
        }
      }
      printf("----- %d 라운드 결과는 다음과 같습니다. -----\n", round);
      for(i=0; i < NUM; i++)
        printf("%3d ", data[i]);
      printf("\n\n");
      if(flag == 0) // 자료 교환이 한번도 안 일어났으면,
      {
        printf("============ 정렬이 끝났습니다.============\n");
```

```
            break;
        }
    }
}

void main()
{
    int src[NUM];
    int x;
    printf("정렬할 임의의 정수 %d개를 입력하세요 : ", NUM);
    for(x=0; x < NUM; x++)
        scanf("%d", &src[x]);
    printf("\n\n");
    bubble(src);
}
```

3 | 선택 정렬(Selection Sort)

선택 정렬은 1차원 배열에 보관된 원 자료들에 대해서 [0]방부터 마지막 방 자료 중에서 가장 작은 것을 선택하여 그 자료를 [0]방 자료와 맞바꾸게 되는 것이 1라운드이다. 이 과정을 거치고 나면 [0]방 자료는 제자리를 찾아갔다고 생각할 수 있고, 이제 [1]방부터 마지막 방까지 자료에 대해서 다음 라운드를 똑같은 방법으로 진행하면 된다. 이와 같이 계속 라운드를 (자료개수 - 1)라운드까지 진행하고 나면 최종적으로 전체 자료가 정렬되는 방법이다.

예를 들어 10개 자료에 대해서 선택 정렬해 나가는 과정은 아래와 같다.

- 원 자료

23	7	34	6	48	12	55	4	13	28
[0]	[1]	[2]	[3]	[4]	[5]	[6]	[7]	[8]	[9]

- 1 Round 결과

4	7	34	6	48	12	55	23	13	28
[0]	[1]	[2]	[3]	[4]	[5]	[6]	[7]	[8]	[9]

- 2 Round 결과

4	6	34	7	48	12	55	23	13	28
[0]	[1]	[2]	[3]	[4]	[5]	[6]	[7]	[8]	[9]

- 3 Round 결과

4	6	7	34	48	12	55	23	13	28
[0]	[1]	[2]	[3]	[4]	[5]	[6]	[7]	[8]	[9]

- 4 Round 결과

4	6	7	12	48	34	55	23	13	28
[0]	[1]	[2]	[3]	[4]	[5]	[6]	[7]	[8]	[9]

- 5 Round 결과

4	6	7	12	13	34	55	23	48	28
[0]	[1]	[2]	[3]	[4]	[5]	[6]	[7]	[8]	[9]

- 6 Round 결과

4	6	7	12	13	23	55	34	48	28
[0]	[1]	[2]	[3]	[4]	[5]	[6]	[7]	[8]	[9]

- 7 Round 결과

4	6	7	12	13	23	28	34	48	55
[0]	[1]	[2]	[3]	[4]	[5]	[6]	[7]	[8]	[9]

- 8 Round 결과

4	6	7	12	13	23	28	34	48	55
[0]	[1]	[2]	[3]	[4]	[5]	[6]	[7]	[8]	[9]

- 9 Round 결과

4	6	7	12	13	23	28	34	48	55
[0]	[1]	[2]	[3]	[4]	[5]	[6]	[7]	[8]	[9]

아래 [프로그램 9-2]는 선택 정렬 프로그램이다.

[프로그램 9-2] 선택 정렬 프로그램(selection.c)

```
#include <stdio.h>
#include <stdlib.h>
#define NUM 10 // 정렬하려는 자료의 개수

void selection(int data[])
{
  int i, j, round, po;
  int temp; // 자료 교환을 위한 것

  printf("-------- 원 자료는 다음과 같습니다. --------\n");
  for(i=0; i < NUM; i++)
    printf("%3d ", data[i]);
  printf("\n\n");

```

```
    for(round = 1; round < NUM; round++) // NUM -1 라운드 실행
    {
        po = round - 1; // 현재 최소값을 가지는 방번호, 처음에는 기준점 방 번호이다.
      for(j=po+1; j < NUM; j++) // 기준점 방부터 이 후 방에서 최소값 찾기
      {
        if(data[j] < data[po])
        {
          po = j;
        }
      }
      temp = data[round-1]; // 자료 교환
      data[round-1] = data[po];
      data[po] = temp;
       printf("----- %d 라운드 결과는 다음과 같습니다. -----\n", round);
      for(i=0; i < NUM; i++)
        printf("%3d ", data[i]);
      printf("\n\n");
    }
}

void main()
{
    int src[NUM];
    int x;
    printf("정렬할 임의의 정수 %d개를 입력하세요 : ", NUM);
    for(x=0; x < NUM; x++)
      scanf("%d", &src[x]);
    printf("\n\n");
    selection(src);
}
```

4 | 삽입 정렬(Insertion Sort)

삽입 정렬은 [0]방의 자료가 제자리에 있다고 생각하고, [1]방부터 차례대로 전체 자료들을 제 위치에 삽입한다는 개념으로 자료를 정렬하는 방법이다.

예를 들어 10개 자료에 대해서 삽입 정렬해 나가는 과정은 아래와 같다.

- 원 자료

23	7	34	6	48	12	55	4	13	28
[0]	[1]	[2]	[3]	[4]	[5]	[6]	[7]	[8]	[9]

: 맨 처음 방인 [0]방의 값 23은 제 위치에 있다고 생각하고, 다음 [1]방의 7 자리를 찾아가는 것이 1 Round의 작업이다.

- 1 Round 결과

7	23	34	6	48	12	55	4	13	28
[0]	[1]	[2]	[3]	[4]	[5]	[6]	[7]	[8]	[9]

: [2]방 34 제자리 찾기가 2 Round 작업이다.

- 2 Round 결과

7	23	34	6	48	12	55	4	13	28
[0]	[1]	[2]	[3]	[4]	[5]	[6]	[7]	[8]	[9]

: [3]방 6 제자리 찾기가 3 Round 작업이다.

- 3 Round 결과

6	7	23	34	48	12	55	4	13	28
[0]	[1]	[2]	[3]	[4]	[5]	[6]	[7]	[8]	[9]

: [4]방 48 제자리 찾기가 4 Round 작업이다.

- 4 Round 결과

6	7	23	34	48	12	55	4	13	28
[0]	[1]	[2]	[3]	[4]	[5]	[6]	[7]	[8]	[9]

: [5]방 12 제자리 찾기가 5 Round 작업이다.

- 5 Round 결과

6	7	12	23	34	48	55	4	13	28
[0]	[1]	[2]	[3]	[4]	[5]	[6]	[7]	[8]	[9]

: [6]방 55 제자리 찾기가 6 Round 작업이다.

- 6 Round 결과

6	7	12	23	34	48	55	4	13	28
[0]	[1]	[2]	[3]	[4]	[5]	[6]	[7]	[8]	[9]

: [7]방 4 제자리 찾기가 7 Round 작업이다.

- 7 Round 결과

4	6	7	12	23	34	48	55	13	28
[0]	[1]	[2]	[3]	[4]	[5]	[6]	[7]	[8]	[9]

: [8]방 13 제자리 찾기가 8 Round 작업이다.

- 8 Round 결과

4	6	7	12	13	23	34	48	55	28
[0]	[1]	[2]	[3]	[4]	[5]	[6]	[7]	[8]	[9]

: [9]방 28 제자리 찾기가 9 Round 작업이다.

- 9 Round 결과

4	6	7	12	13	23	28	34	48	55
[0]	[1]	[2]	[3]	[4]	[5]	[6]	[7]	[8]	[9]

: 정렬 완성

아래 [프로그램 9-3]은 삽입 정렬 프로그램이다.

[프로그램 9-3] 삽입 정렬 프로그램(insertion.c)

```
#include <stdio.h>
#include <stdlib.h>
#define NUM 10 // 정렬하려는 자료의 개수

void insertion(int data[])
{
  int i, round, po, temp;
  printf("-------- 원 자료는 다음과 같습니다. --------\n");
  for(i=0; i < NUM; i++)
    printf("%3d ", data[i]);
  printf("\n\n");

  for(round=1; round < NUM; round++)
                          // NUM-1 라운드, [1] ~ [9]방 각 자료에 대하여,
  {
    temp = data[round]; // 현재 처리할 대상 자료를 일단 보관해 두고,
    po = round;
    // 현재 대상 자료 직전 방부터 [0]방까지 비교하여 크면 한칸씩 뒤로 물린다.
    while(po>0 && data[po-1] > temp)
    {
      data[po] = data[po-1];
      po = po -1;
    }
    data[po] = temp;
    printf("----- %d 라운드 결과는 다음과 같습니다. -----\n", round);
    for(i=0; i < NUM; i++)
      printf("%3d ", data[i]);
    printf("\n\n");
```

```
    }
}

void main()
{
    int src[NUM];
    int x;
    printf("정렬할 임의의 정수 %d개를 입력하세요 : ", NUM);
    for(x=0; x < NUM; x++)
        scanf("%d", &src[x]);
    printf("\n\n");
    insertion(src);
}
```

5 | 퀵 정렬(Quick Sort)

위의 버블 정렬, 선택 정렬, 삽입 정렬 프로그램은 모두 자료의 개수가 n개라면, $O(n^2)$의 실행 시간을 보이게 된다. 즉, 자료의 개수가 많아질수록 프로그램의 실행 속도가 급격하게 늘어나는 특성을 보이게 되는 것이다.

이에 비해서 이제 알아볼 퀵 정렬은 $O(nlog_n)$의 실행 시간을 보이게 되는데, 이는 자료의 개수가 많아질수록 실행 시간이 늘어나긴 하지만, 위 세 종류의 정렬 방법보다는 완만하게 실행 시간이 늘어나는 특성을 보여 준다는 것이다. 따라서 정렬할 자료의 개수가 아주 많다면 퀵 정렬 방법이 보다 실행시간 면에서 유리함을 의미하는 것이다.

퀵 정렬은 이해하기에 약간의 주의가 필요한데, 아래의 과정을 따라 정렬을 진행하게 된다.

1) 퀵 정렬은 기준이 되는 자료(보통 자료의 중간 위치에 있는 자료 : 피봇(pivot)이라고 한다)를 중심으로 더 작은 수는 왼쪽으로, 큰 수는 오른쪽으로 보내는 작업을 반복함으로써 전체 정렬을 완성하는 방법이다.
2) 첫 번째 라운드를 진행하고 나면, 피봇을 중심으로 작은 수들은 왼쪽에, 큰 수들은 오른쪽에 모이게 될 것이다. 이제 두 부분에 대해서 각각 똑같이 퀵 정렬을 수행해 가는 방법으로서, 전형적인 분할과 정복(Divide & Conquer) 방식의 알고리즘이다. 따라서 앞에서 학습했던 재귀 함수를 이용하여 프로그램을 작성할 수 있게 되는 형태이다.
3) 퀵 정렬의 진행 방법
   ① 피봇 위치를 정한다. 자료의 아무 위치나 상관없음.(보통 중간 위치로 함)
   ② 대상 자료의 맨 왼쪽 위치를 L, 맨 오른쪽 위치를 R로 지칭한다.
   ③ L부터 오른쪽으로 진행하면서, 피봇 값보다 큰 수나 같은 수를 발견하면 L 위치 멈춘다.
   ④ R부터 왼쪽으로 진행하면서, 피봇 값보다 작은 수를 발견하면 R 위치 멈춘다.
   ⑤ L과 R 위치의 자료를 교환한다. 여기서 만약 L과 피봇이 만난 경우에는 피봇 위치를 R 위치로 변경한다.
   ⑥ 이제 L과 R이 같은 경우, 피봇 위치의 값과 R 위치의 값을 교환한다.
   ⑦ 이제 피봇 값은 제 위치를 찾은 것이고, 자료들은 피봇 위치를 중심으로 왼쪽에는 피봇보다 작은 값들이, 오른쪽에는 피봇보다 큰 값들로 자료가 나눠게 될 것이고, 이 두 부분에 대해서 똑같이 퀵 정렬을 실행한다.(재귀 함수의 모습)
   ⑦ 퀵 정렬을 행하여야 하는 부분의 원소 개수가 1개 이하이면 퀵 정렬은 종료된다.

예를 들어 10개 자료에 대해서 삽입 정렬해 나가는 과정은 아래와 같다.

: 원 자료 : 중간 정도의 위치 [4]방을 피봇 위치로 정한다. [5]도 상관없음. L=[0], R=[9]

23	7	34	6	12	48	55	4	13	28
[0]	[1]	[2]	[3]	[4]	[5]	[6]	[7]	[8]	[9]
L				P					R

: L 위치부터 오른쪽으로 진행하며 피봇 값 12보다 큰 수나 같은 수를 찾는다. L=[0]에서 멈춤, R 위치부터 왼쪽으로 진행하며 피봇 값 12보다 작은 수를 찾는다. R=[7]에서 멈춤. L=[0], R=[7].

23	7	34	6	12	48	55	4	13	28
[0]	[1]	[2]	[3]	[4]	[5]	[6]	[7]	[8]	[9]
L				P			R		

: L=[0], R=[7] 위치의 값을 교환한다.

4	7	34	6	12	48	55	23	13	28
[0]	[1]	[2]	[3]	[4]	[5]	[6]	[7]	[8]	[9]
L				P			R		

: L < R 이므로 계속 진행, L=[2], R=[3]에서 멈춤.

4	7	34	6	12	48	55	23	13	28
[0]	[1]	[2]	[3]	[4]	[5]	[6]	[7]	[8]	[9]
		L	R	P					

: L=[2], R=[3] 위치의 값을 교환한다.

4	7	6	34	12	48	55	23	13	28
[0]	[1]	[2]	[3]	[4]	[5]	[6]	[7]	[8]	[9]
		L	R	P					

: L < R 이므로 계속 진행, L = [3]에서 L이 R을 만났으므로 멈춘다. R도 [3]에서 멈춤. L=[3], R=[3]

4	7	6	34	12	48	55	23	13	28
[0]	[1]	[2]	[3]	[4]	[5]	[6]	[7]	[8]	[9]
			L R	P					

: L, R이 만났으므로 R 위치 값과 피봇 위치 값 교환, 피봇 위치도 변경

4	7	6	12	34	48	55	23	13	28
[0]	[1]	[2]	[3]	[4]	[5]	[6]	[7]	[8]	[9]
			L P R						

: 이제 피봇 값은 제 위치를 찾아갔고, 피봇 위치를 중심으로 두 부분으로 나뉘었다. 좌, 우(*) 두 부분을 각각 퀵 정렬하면 된다.

4	7	6	12	34	48	55	23	13	28
[0]	[1]	[2]	[3]	[4]	[5]	[6]	[7]	[8]	[9]
〈----	-----	----〉		〈----	-----	-----	-----	-----	----〉

: 먼저 왼쪽 부분([0]~[2])을 퀵 정렬하면, L=[0], R=[2], 피봇 위치는 [1]로 하고,

4	7	6	12	34	48	55	23	13	28
[0]	[1]	[2]	[3]	[4]	[5]	[6]	[7]	[8]	[9]
L	P	R							

: L이 오른쪽으로 진행하다가 L=[1]에서 피봇을 만났으므로 L=[1]에서 멈춤, R은 R=[2]에서 피봇보다 작은 수를 만났으므로 멈춤, L=[1], R=[2] 위치의 값을 교환한다.

4	6	7	12	34	48	55	23	13	28
[0]	[1]	[2]	[3]	[4]	[5]	[6]	[7]	[8]	[9]
	L P	R							

: L이 피봇을 만났으므로 피봇의 위치를 R 위치로 변경.

4	6	7	12	34	48	55	23	13	28
[0]	[1]	[2]	[3]	[4]	[5]	[6]	[7]	[8]	[9]
	L	P R							

: L < R 이므로 계속 진행, L=[2]에서 L이 피봇을 만났으므로, L=[2]에서 멈춤, R은 R=[2]에서 L을 만났으므로 멈춤.

4	6	7	12	34	48	55	23	13	28
[0]	[1]	[2]	[3]	[4]	[5]	[6]	[7]	[8]	[9]
			L P R						

: L이 피봇을 만났으므로 피봇위치를 R로 변경.(실제 변경은 없음)

4	6	7	12	34	48	55	23	13	28
[0]	[1]	[2]	[3]	[4]	[5]	[6]	[7]	[8]	[9]
			L P R						

: 이제 피봇 값은 제자리를 찾아갔고, 다시 피봇 값을 중심으로 두 부분으로 나뉘었다고 생각할 수 있다.(오른쪽은 없으므로 완성되었다고 볼 수 있고)

4	6	7	12	34	48	55	23	13	28
[0]	[1]	[2]	[3]	[4]	[5]	[6]	[7]	[8]	[9]

〈---- ----〉

: 왼쪽 부분을 다시 퀵 정렬 수행, L=[0], R=[1], 피봇 위치를 [0]으로 하고,

4	6	7	12	34	48	55	23	13	28
[0]	[1]	[2]	[3]	[4]	[5]	[6]	[7]	[8]	[9]
L P	R								

: L이 [0]에서 피봇을 만났으므로 L=[0]에서 멈춤, R은 [0]에서 L을 만났으므로 R=[0]에서 멈춤. L이 피봇을 만났으므로 피봇의 위치를 R로 변경(실제 변경은 없음.)

4	6	7	12	34	48	55	23	13	28
[0]	[1]	[2]	[3]	[4]	[5]	[6]	[7]	[8]	[9]
L P R									

: 이제 피봇 값은 제자리를 찾아갔고, 다시 피봇 위치를 중심으로 두 부분으로 나뉘었다고 생각할 수 있다.(왼쪽은 없으므로 완성, 오른쪽은 1개 원소 남았으므로 완성)

4	6	7	12	34	48	55	23	13	28
[0]	[1]	[2]	[3]	[4]	[5]	[6]	[7]	[8]	[9]

: [4]~[9] 방에 대한 퀵 정렬만 남았다. 위 (*) 부분이다. 똑같은 방법으로 진행하면, 피봇 위치 [6]. L=[4], R=[9]

4	6	7	12	34	48	55	23	13	28
[0]	[1]	[2]	[3]	[4]	[5]	[6]	[7]	[8]	[9]
				L		P			R

: L=[6]에서 L이 피봇을 만났으므로 멈춤, R은 [9]에서 피봇보다 작은 수를 만났으므로 멈춤. L[6], R=[9]

4	6	7	12	34	48	55	23	13	28
[0]	[1]	[2]	[3]	[4]	[5]	[6]	[7]	[8]	[9]
						L P			R

: L, R 위치의 값을 교환한다. L이 피봇을 만났으므로 피봇 위치를 R 위치로 변경.

4	6	7	12	34	48	28	23	13	55
[0]	[1]	[2]	[3]	[4]	[5]	[6]	[7]	[8]	[9]
						L			P R

: L < R 이므로 계속 진행, L은 [9]에서 피봇을 만났으므로 멈춤. R은 L을 만났으므로 [9]에서 멈춤. L이 피봇을 만났으므로 피봇 위치를 R 위치로 변경(실제 변경은 없음.)

4	6	7	12	34	48	28	23	13	55
[0]	[1]	[2]	[3]	[4]	[5]	[6]	[7]	[8]	[9]
									L P R

: 피봇은 제자리를 찾아갔고, 피봇을 중심으로 다시 두 부분으로 나뉘었다.(오른쪽은 없으므로 완성)

4	6	7	12	34	48	28	23	13	55
[0]	[1]	[2]	[3]	[4]	[5]	[6]	[7]	[8]	[9]

: [4] ~ [8] 부분을 퀵 정렬, 피봇 위치 [6], L=[4], R=[8]

4	6	7	12	34	48	28	23	13	55
[0]	[1]	[2]	[3]	[4]	[5]	[6]	[7]	[8]	[9]

L P R

: 진행하면, L=[4], R=[8]에서 L, R 위치의 값을 교환한다.

4	6	7	12	13	48	28	23	34	55
[0]	[1]	[2]	[3]	[4]	[5]	[6]	[7]	[8]	[9]

L P R

: L < R 이므로 계속 진행, L=[5], R=[7]에서 L, R 위치의 값을 교환한다.

4	6	7	12	13	23	28	48	34	55
[0]	[1]	[2]	[3]	[4]	[5]	[6]	[7]	[8]	[9]

L P R

: L < R 이므로 계속 진행, L=[6], R=[6]

4	6	7	12	13	23	28	48	34	55
[0]	[1]	[2]	[3]	[4]	[5]	[6]	[7]	[8]	[9]

L P R

: L이 피봇을 만났으므로 피봇위치를 R 위치로 변경.(실제 변경은 없음.)

4	6	7	12	13	23	28	48	34	55
[0]	[1]	[2]	[3]	[4]	[5]	[6]	[7]	[8]	[9]

L P R

: 이제 피봇 값은 제자리를 찾아갔고, 피봇 위치를 중심으로 두 부분으로 나뉘었다. 좌, 우 두 부분을 또 각각 퀵 정렬하면 된다.

4	6	7	12	13	23	28	48	34	55
[0]	[1]	[2]	[3]	[4]	[5]	[6]	[7]	[8]	[9]

: 먼저 왼쪽 부분([4] ~ [5]) 퀵 정렬하면, 피봇 위치는 [4]로 하고, L=[4], R=[5],

4	6	7	12	13	23	28	48	34	55
[0]	[1]	[2]	[3]	[4]	[5]	[6]	[7]	[8]	[9]

L P R

: L < R이므로 진행하면, L=[4], R=[4], L, R이 만났으므로 L이 피봇을 만났으므로 피

봇을 R 위치로 변경.

4	6	7	12	13	23	28	48	34	55
[0]	[1]	[2]	[3]	[4]	[5]	[6]	[7]	[8]	[9]

L P R

: L < R 이므로 진행하면, L=[5], R[5] 이다. L이 피봇을 만났으므로 피봇 위치 R로 변경(실제 변경은 없음.)

4	6	7	12	13	23	28	48	34	55
[0]	[1]	[2]	[3]	[4]	[5]	[6]	[7]	[8]	[9]

L P R

: 이제 피봇 값은 제자리를 찾아갔고, 다시 피봇 값을 중심으로 두 부분으로 나뉘었다고 생각할 수 있다.(오른쪽은 없으므로 완성, 오른쪽은 1개 원소 남았으므로 완성)

4	6	7	12	13	23	28	48	34	55
[0]	[1]	[2]	[3]	[4]	[5]	[6]	[7]	[8]	[9]

: 남은 부분([7] ~ [8])에 대해 퀵 정렬 수행한다. 피봇 위치 [7], L=[7], R=[8]

4	6	7	12	13	23	28	48	34	55
[0]	[1]	[2]	[3]	[4]	[5]	[6]	[7]	[8]	[9]

L P R

: 진행하면, L=[7], R=[8], L, R 위치 자료 교환한다.

4	6	7	12	13	23	28	34	48	55
[0]	[1]	[2]	[3]	[4]	[5]	[6]	[7]	[8]	[9]

L P R

: L < R 이므로 진행하면, L=[7], R=[7]

4	6	7	12	13	23	28	34	48	55
[0]	[1]	[2]	[3]	[4]	[5]	[6]	[7]	[8]	[9]

L P R

: L이 피봇을 만났으므로 피봇 위치를 R 위치로 변경(실제 변경은 없음.)

4	6	7	12	13	23	28	34	48	55
[0]	[1]	[2]	[3]	[4]	[5]	[6]	[7]	[8]	[9]
							L P R		

: 이제 피봇 값은 제자리를 찾아갔고, 다시 피봇 값을 중심으로 두 부분으로 나뉘었다고 생각할 수 있다.(오른쪽은 1개 원소 남았으므로 완성, 왼쪽은 없으므로 완성) 전체적으로 퀵 정렬이 완성되었다.

4	6	7	12	13	23	28	34	48	55
[0]	[1]	[2]	[3]	[4]	[5]	[6]	[7]	[8]	[9]

아래 [프로그램 9-4]는 퀵 정렬 프로그램이다.

[프로그램 9-4] 퀵 정렬 프로그램(quick.c)

```
#include <stdio.h>
#include <stdlib.h>
#define NUM 10 // 정렬하려는 자료의 개수

void q_sort(int x[], int left, int right)
{
  int l, r, pivot;
  int temp,i;
  if((right-left) <= 0) // 정렬해야 하는 자료가 0개 혹은 1개라면
    return;
  pivot = (left + right)/2; // 정렬할 자료의 중간 위치를 pivot으로 함.
  l = left;
  r = right;

  while(l<r)
  {
    while(x[l] < x[pivot] && (l<r))
```

```
                                  // pivot 값 보다 큰 수나 같은 수 발견할 때까지
            l++;
        while((x[r] >= x[pivot]) && (l<r))
                                  // pivot 값보다 작은 수 발견할 때까지
            r--;
        if(l<r)
        {
            temp = x[l]; // 자료 교환
            x[l] = x[r];
            x[r] = temp;
            if(l==pivot)
                pivot = r;
         }
        if(l==pivot)
        {
            pivot = r;
        }
    }
    temp = x[pivot];
    x[pivot] = x[r];
    x[r] = temp;
    pivot = r;

    q_sort(x,left, pivot-1); // pivot의 왼쪽 정렬
    q_sort(x,left, pivot-1); // pivot의 왼쪽
}

void main()
{
    int src[NUM];
    int begin = 0, end = NUM - 1;
    int i;
```

```
    printf("정렬할 임의의 정수 10개를 입력하세요 : ");
    for(i=0; i < NUM; i++)
      scanf("%d", &src[i]);
    printf("\n\n");
    printf("-------- 원 자료는 다음과 같습니다. --------\n");
    for(i=0; i < NUM; i++)
      printf("%3d ", src[i]);
    printf("\n\n");
    q_sort(src, begin, end);
    printf("\n\n");
    printf("------- 정렬된 결과는 다음과 같습니다. -------\n");
    for(i=0; i < NUM; i++)
      printf("%3d ",src[i]);
    printf("\n\n");
}
```

연습문제
Data Structure Exercises

1. 정렬에 있어 키(key)란 무엇인가?

2. 정렬할 때 오름차순과 내림차순에 대하여 간단히 설명하라.

3. 내부 정렬과 외부 정렬에 대하여 그 차이점을 간단히 설명하라.

4. 주어진 자료가 46, 13, 67, 92, 33, 7, 88, 26, 5, 49 일 때, 이들 자료가 1차원 배열 int data[10]; 에 보관되어 있다고 할 때,
   ① 버블 정렬의 과정을 그려 보아라.
   ② 선택 정렬의 과정을 그려 보아라.
   ③ 삽입 정렬의 과정을 그려 보아라.
   ④ 퀵 정렬의 과정을 그려 보아라.(퀵 정렬의 경우, 피봇 데이터를 어느 위치로 정하는 가에 따라 정렬의 과정을 달라질 수가 있으나, 결과는 같다.)

찾아보기

저자 약력

장종준
1982년 서울대학교 계산통계학과 졸업(학사)
1990년 서울대학교 대학원 계산통계학과 졸업(석사)
2007년 아주대학교 정보통신대학원(박사과정 수료)

현재)
1982년~1990년 금성통신 연구소 TDX 개발단
1990년~2001년 신구대학교 컴퓨터정보처리과
2002년~현재 신구대학교 IT미디어과

이성욱
1994년 아주대학교 컴퓨터공학과 졸업(학사)
1996년 아주대학교 대학원 교통공학과 졸업(석사)
2003년 아주대학교 대학원 컴퓨터공학과 졸업(박사)

현재)
2003년~현재 신구대학교 IT미디어과

핵심만 배우는

자료구조 및 알고리즘

인 쇄 : 2019년 1월 10일
발 행 : 2019년 1월 20일
저 자 : 장종준 • 이성욱
발 행 처 : 도서출판 한산
서울시 서대문구 수색로6길 43번지 105-602호
TEL : (02)304-3504 FAX : (02)304-3505
발 행 인 : 김 기 영
등록번호 : 제 10-1745 호
I S B N : 979-11-87555-16-2 93560

정가. 17,000원